Jörg Becker

Regionalmarketing – Schlüsselinformationen nachvollziehbar vermitteln

Transparenz ampelbasierter Dialogformate

Der Autor

Jörg Becker hat Führungspositionen in der amerikanischen IT-Wirtschaft, bei internationalen Consultingfirmen und im Marketingmanagement bekleidet und ist Inhaber eines Denkstudio für strategisches Wissensmanagement zur Analyse mittelstandorientierter Businessoptionen auf Basis von Personal- und Standortbilanzen. Die Publikationen reichen von unabhängigen Analysen bis zu umfangreichen thematischen Dossiers, die aus hochwertigen und verlässlichen Quellen zusammengestellt und fachübergreifend analysiert werden. Zwar handelt es sich bei diesen Betrachtungen (auch als Storytelling) vor allem von Intellektuellem (immateriellen) Kapital nicht unbedingt um etwas Neues. Doch um neue Wege zu gehen, reicht es manchmal aus, verschiedene Sachverhalte, die sich bewährt haben, miteinander neu zu kombinieren und fachübergreifend zu durchdenken. Zahlen ja, im Vordergrund stehen aber „weiche" Faktoren: es wird versucht, Einflussfaktoren nicht nur als absolute Zahlengrößen, sondern vor allem in ihrer Relation zueinander und somit in ihren dynamischen Wirkungsbeziehungen zu sehen. Auch scheinbar Nebensächliches wird aufmerksam beobachtet. In der unendlichen Titel- und Textfülle im Internet scheint es kaum noch ein Problem oder Thema zu geben, das nicht bereits ausführlich abgehandelt und oft beschrieben wurde. Viele neu hinzugefügte und generierte Texte sind deshalb zwangsläufig nur noch formale Abwandlungen und Variationen. Das Neue und Innovative wird trotzdem nicht untergehen. Die Kreativität beim Schreiben drückt sich dadurch aus, vorhandenes Material in vielen kleinen Einzelteilen neu zu werten, neu zusammen zu setzen, auf individuelle Weise zu kombinieren und in einen neuen Kontext zu stellen. Ähnlich einem Bild, das zwar auf gleichen Farben beruhend trotzdem immer wieder in ganz neuer Weise und Sicht geschaffen wird. Texte werden also nicht nur immer wiederholt sequentiell gelesen, sondern entstehen in neuen Prozess- und Wertschöpfungsketten. Das Neue folgt aus dem Prozess des Entstehens, der seinerseits neues Denken anstößt.

Das Publikationskonzept für eine selbst entwickelte Tool-Box: Storytelling, d.h. Sach- und Fachthemen möglichst in erzählerischer Weise und auf (Tages-) Aktualität bezugnehmend aufbereiten. Mit akademischer Abkapselung haben viele Ökonomen es bisher versäumt, im Wettbewerb um die besseren Geschichten mitzubieten. Die in den Publikationen von Jörg Becker unter immer wieder anderen und neuen Blickwinkeln dargestellten Konzepte beruhen auf zwei Grundpfeilern: 1. personenbezogener Kompetenzanalyse und 2. raumbezogener Standortanalyse. Als verbindende Elemente dieser beiden Grundpfeiler werden a) Wissensmanagement des Intellektuellen Kapitals und b) bilanzgestützte Decision Support Tools analysiert. Fiktive Realitäten können dabei manchmal leichter zu handfesten Realitäten führen. Dies alles unter einem gemeinsamen Überbau: nämlich dem von ganzheitlich durchgängig abstimmfähig, dynamisch vernetzt, potential- und strategieorientiert entwickelten Lösungswegen.

Management Overview

Schuldenbremse, Eingliederungshilfen, Steuereinnahmen versus Kosten. Es geht um Flüchtlinge, Wohnungen, Krankenhäuser, Inklusion. Lange Zeit wurde in diesem Zusammenhang die Privatisierung ehemals öffentlicher Leistungen propagiert, mittlerweile spricht man von einer „Renaissance der Daseinsvorsorge". Diese aber führt zu neuen Verteilungskämpfen zwischen Kommunen, Bund und Ländern. Aus den Datenschätzen in den Behörden können interessante Dienstleistungen entwickelt werden. Nach einer Schätzung der EU können die Mitgliedsländer mit öffentlichen Daten jährliche positive Effekte (in Höhe von 40 Milliarden Euro) realisieren. Da Behörden selbst kaum informationsbasierte Geschäftsmodelle entwickeln können (ist auch nicht ihr Job) sei es umso wichtiger, solche Daten für Wirtschaftsförderer, Standortmanager, wissensintensive Unternehmen und interessierte Bürger bereitzustellen. Dabei entstehen Mehrwerte häufig erst durch die Vernetzung unterschiedlichster Quellen. Als Ausgangspunkt sollte Klarheit darüber bestehen, an welchen Stellen eines Standortes man überhaupt Sensoren anlegen will. Erst wenn erarbeitet wurde, was man an Messungen benötigt, kann das Augenmerk auf das „Wie" gerichtet werden.

Die sich immer höher auftürmenden Big Data-Willen machen nur dann wirklich Sinn, wenn man sie nicht nur verwalten, sondern aus ihnen auch wertvolle Erkenntnisse (Grundlagen für Entscheidungen) gewinnen kann. Vor einer Analyse kommen zunächst also immer eine entsprechende Bereitstellung und Bereinigung von Daten. Es geht darum, einzeln Prozessschritte der Datenanalyse zu strukturieren und mittels entsprechender Instrumente zu automatisieren. Geeignete Verdichtungen und Kennziffern liefern zunächst lediglich einen Überblick über vergangene oder (bestenfalls) gegenwärtige Zustände. Für die Aufbereitung und Anbindung der riesigen Datenmengen, das Durchdringen komplexer Systeme und deren Strukturen braucht es hochqualifizierte Experten und deren Wissen (triefgreifendes Prozessverständnis und Systemkenntnisse) und Fähigkeiten. Werden abgeleitete Analyseergebnisse in einem Wust von Zahlen präsentiert, bleiben viele Erkenntnisse vielleicht unausgesprochen (unentdeckt). Geschichtenerzählen sind seit Menschengedenken eine uralte Form für den Transport von Wissen und Informationen: mit Hilfe von (möglichst fesselnden) Stories, einem sogenannten Storytelling, versuchen manche, Schlüsselergebnisse einer Analyse nachhaltig zu vermitteln und dazu beizutragen, dass sich Informationen besser einprägen und verankern. Bei der Formulierung klarer Botschaften steht SUCCESS für Say, Unify, Condense, Check, Enable, Simplify, Structure. Im Wege der Interaktion sollen im Rahmen eines (spannenden) Handlungsbogens hinter nackten Zahlen stehende Schlüsselinformationen einprägsam vermittelt werden.

Die Aufgabe einer Standortbilanz besteht u.a. darin, dazu beizutragen, den Einfluss von „weichen" Faktoren auf die Standortentwicklung als Hebelkraft zu nutzen. Leitfragen für ein Standortbilanz-Projekt sind beispielsweise: herrscht eine ausgesprochen quantitativ-finanzorientierte Kultur vor oder wurde bereits mit qualitativen Methoden oder Erfolgsmessung gearbeitet? sind bereits regelmäßig erhobene Daten oder ganze Meßsysteme verfügbar, die in Form einer Standortbilanz aggregiert werden könnten? welche sind im speziellen Fall die Aktiva (Stärken, Chancen) und Passiva (Schwächen, Risiken) in einer Standortbilanz?

Themen-Leitfaden

Daten als Gemeingut – predictive Analytik
Standortfaktoren verknüpfen
Hebelkräfte „weicher" Standortfaktoren
Überblick per Bündelung
Clusteranalyse auf dem Punktezettel
Kommunale Daseinsvorsorge
Flächenkreislaufwirtschaft Rahmenbedingungen
Freiheitsindex im europäischen Regelwerk
Braindrain – Auswanderer und Rückkehrer
Intangible Zoo und Wald als fühlendes Ökosystem
Wissenstransfer im sozialen Intranet

Daten als Gemeingut - predicitive Analytik

Datenschätze in den Behörden: grenz- und sektorübergreifende Weiterverwendung von Daten der öffentlichen Hand – neue Geschäftsfelder, neue Bildungsangebote, schlankere Verwaltung –Mehrwerte durch Vernetzung unterschiedlichster Quellen. Ministerien und Behörden verfügen über wertvollen Informationen, u.a.: Geodaten, Beschlüsse, Verordnungen, Verkehrsinformationen, Umweltdaten, Urteile, Statistiken, wissenschaftliche Publikationen, parlamentarische Beschlüsse. Fraunhofer-Forscher entwickeln hierzu offene Datenportale, damit jedermann diese Informationen mit oft wirtschaftlich großem Potenzial nutzen kann. „Offene Daten können wesentlich einfacher genutzt werden, wenn die Informationen aufbereitet und gebündelt angeboten werden". In einem pan-europäischen Open Data-Portal wird ein Meilenstein für die grenz- und sektorübergreifende Weiterverwendung von Daten der öffentlichen Hand gesehen. Aufgebaut werden sollen treffsichere Datenregister: eine Art elektronischer Spürhund soll in den Datenportalen der Mitgliedstaaten regelmäßig nach neuem, offenem Material suchen. Ziel ist es, den unstrukturierten Datenwust zu ordnen und zu systematisieren. Aus den Datenschätzen in den Behörden können interessante Dienstleistungen entwickelt werden. Nach einer Schätzung der EU können die Mitgliedsländer mit öffentlichen Daten jährliche positive Effekte (in Höhe von 40 Milliarden Euro) realisieren. Sei es durch neue Geschäftsfelder (die dank mehr Informationen erschlossen werden können), durch bessere Bildungsangebote oder eine schlankere Verwaltung. „So können beispielsweise anhand von offenen Geodaten preiswerte mobile Navigationsanwendungen entwickelt, journalistische Datenvisualisierungsdienstleistungen oder Risikoabschätzungen durch Wetterdaten angeboten werden". Da Behörden selbst kaum informationsbasierte Geschäftsmodelle entwickeln können (ist auch nicht ihr Job) sei es umso wichtiger, solche Daten für Wirtschaftsförderer, Standortmanager, wissensintensive Unternehmen und interessierte Bürger bereitzustellen. Das heißt, Daten werden zunehmend nicht nur als Wirtschafts-, sondern auch als Gemeingut verstanden. Dabei entstehen Mehrwerte häufig erst durch die Vernetzung unterschiedlichster Quellen.

Denn Daten sind die Rohstoffe der Zukunft: Verdichtungen und Kennzahlen – Anwendungsspektrum über der beschreibenden Analyse: Die sich immer höher auftürmenden Big Data-Willen machen nur dann wirklich Sinn, wenn man sie nicht nur verwalten, sondern aus ihnen auch wertvolle Erkenntnisse (Grundlagen für Entscheidungen) gewinnen kann. Vor einer Analyse kommen zunächst also immer eine entsprechende Bereitstellung und Bereinigung von Daten. Es geht darum, einzeln Prozessschritte der Datenanalyse zu strukturieren und mittels entsprechender Instrumente zu automatisieren. Geeignete Verdichtungen und Kennziffern liefern zunächst lediglich einen Überblick über vergangene oder (bestenfalls) gegenwärtige Zustände. Erst mit einer sogenannten Predictive Analytik geht es um Prognosen, zukünftiges Verhalten von Menschen und Zuständen, um Potenziale und konkrete Handlungsempfehlungen: ein Anwendungsspektrum, das weit über eine lediglich beschreibende Analyse hinausreicht. Für ein fundiertes Risikomanagement sind derartige Werkzeuge und Simulationsrechnungen eine unverzichtbare Unterstützung. Hoch entwickelte Algorithmen rastern nach Mustern und können auch unscheinbare Unregelmäßigkeiten aufspüren: es entstehen völlig neue Einsatzgebiete für kreative Analytiker. Predictive-Anwendungsgebiete, die ohne eine intelligente Nutzung des Rohstoffes „Daten" so überhaupt nicht denkbar wären.

Für die Aufbereitung und Anbindung der riesigen Datenmengen, das Durchdringen komplexer Systeme und deren Strukturen braucht es hochqualifizierte Experten und deren Wissen (triefgreifendes Prozessverständnis und Systemkenntnisse) und Fähigkeiten. Werden abgeleitete Analyseergebnisse in einem Wust von Zahlen präsentiert, bleiben viele Erkenntnisse vielleicht unausgesprochen (unentdeckt). Geschichtenerzählen sind seit Menschengedenken eine uralte Form für den Transport von Wissen und Informationen: mit Hilfe von (möglichst fesselnden) Stories, einem sogenannten Storytelling, versuchen manche, Schlüsselergebnisse einer Analyse nachhaltig zu vermitteln und dazu beizutragen, dass sich Informationen besser einprägen und verankern. Bei der Formulierung klarer Botschaften steht SUCCESS für Say, Unify, Condense, Check, Enable, Simplify, Structure. Im Wege der Interaktion sollen im Rahmen eines (spannenden) Handlungsbogens hinter nackten Zahlen stehende Schlüsselinformationen einprägsam vermittelt werden.

Leben mit der steigenden Informationsflut: Wissensmanagement und Informationsgesellschaft – Produktivität Nutzung des Rohstoffs „Information" – Informationen sind noch nicht Wissen – Virtuell und real. Bei allen Entwicklungen gibt es nicht nur Chancen, sondern auch Risiken zu bedenken. Der Übergang von der Industrie- zur Informationsgesellschaft hängt auch davon ab, ob auch die nichttechnischen Bedingungen erfolgreich beherrscht werden können. D.h. auch mit dem Wandel zur Informationsgesellschaft verbundene mögliche Problemfelder wie beispielsweise die Gefahren der Verwechslung virtueller Realität mit Realität oder die der Informationsüberflutung müssen ernst genommen werden. Es geht um die aktive Bewirtschaftung von Daten, ihre Qualität bei der Entstehung und bei der Verwendung. „Information ist, was man braucht zu handeln" (Peter F. Drucker), d.h. gerade jetzt, wo die Möglichkeiten der Informationsgewinnung beträchtlich gestiegen sind, müssen sich die Führungskräfte verstärkt auf die produktive Nutzung des Rohstoffes „Information" als für ihren geschäftlichen Erfolg ausschlaggebendes Arbeitsmittel einstellen. Die Menge an Daten, die jeder Mensch produziert, nimmt dramatisch zu: alle digital erfassbaren Lebensäußerungen werden gespeichert. Datenreich, aber informationsarm?: denn Information ist nicht immer unbedingt das, was von den Computern auf den Schreibtisch der Standortentscheider gelangt. Vielmehr gilt in diesem Sinn als Information immer nur das, was diese brauchen, um handeln zu können. Die aus den Datenverarbeitungssystemen gewonnenen Informationen stellen oft nur wenige Prozent des standortspezifischen Wissens dar. D.h. Speichern von Informationen, das durch die technischen Quantensprünge unglaubliche Dimensionen angenommen hat, sollte nicht mit ihrer Verarbeitung gleichgesetzt werden.

In diesem Kontext stellt eine Standortbilanz Instrumente bereit, die eine ganzheitlich ausgerichtete Standortbestimmung auf lokaler und regionaler Ebene und damit die im Wettbewerb notwendige Schärfung des individuellen Standort-Profils unterstützen. Die Standortbilanz arbeitet als 360-Grad-Radarschirm für vielseitige Analysen und Beobachtungszwecke, mit dem insbesondere auch „weiche" Standortfaktoren in einem übersichtlichen Gesamtrahmen identifiziert, gemessen und abgebildet werden können. Ausführung und Inhalt werden einzig und allein durch Informationsanforderungen des Wirtschaftsförderers und Standortentscheiders bestimmt. Wenn also Anwendungsinteresse an dem in diesem Buch vorgestellten Modell und seiner Vorgehenssystematik besteht, muss jede Kommune, jeder Standort und jeder Investor eigene Wege gemäß den individuell anzutreffenden Gegebenheiten finden. Es geht um den erfolgskritischen Umgang mit „weichen" Ressourcen des Standortkapitals, mehr Transparenz für eine komplizierte Standortumwelt, einfache und gewichtete Standortanalyse, Eigenbild- und Fremdbildanalyse des Standortes, welcher Bereich des Standortes soll bilanziert werden?, wie sehen die Ausgangslage und das Geschäftsumfeld aus? welche Vision, welches Leitbild hat der Standort für sich entwickelt? mit welchen Strategien soll das Leitbild umgesetzt werden? Aus den Analysen und Ergebnisse der Standortbilanz können potentialorientiert Maßnahmen- und

Handlungsempfehlungen entwickelt werden. Die Transparenz von Standortentscheidungen erhöht sich durch nachvollziehbare Bewertungen. Es geht um: Merkmale und Vorteile, Standorte unterliegen einem dynamischen Anpassungsdruck, Bildung Standortfaktoren-Cluster, Mehrere Dimensionen der Standortbewertung, Verknüpfung der Standortfaktoren, Portfoliomodell für Standort-Handlungsempfehlungen, Eigenbild und Fremdbild des Standortes, Standortprofil-Diagramm, Standortportfolio nach Bewertungsdimensionen, Standortampel-Diagramm, Standortfaktor-Wirkungsnetz, Standortpotenzial-Portfolio, weiche Standortfaktoren als Hebelkraft, Standort – mehr als Summe seiner Gebäude und Flächen, einfach kommunizierbare Darstellung, einheitlichen Aufbau, durchgängig bruchfreie Systematik, zahlenorientierte Denkweise, Vollständigkeit.

Standorte unterliegen einem dynamischen Anpassungsdruck: insbesondere der richtige Umgang mit dem verfügbaren Standortkapital als Ressource wird für die Zukunft immer mehr zum entscheidenden Erfolgsfaktor. D.h.: die vorhandenen Ressourcen müssen auf den Ausbau und die Weiterentwicklung des Standortes optimiert werden. Gegenüber dem Management klassischer Produktionsfaktoren hat das Management der Standortfaktoren (speziell der "weichen Standortfaktoren" wie beispielsweise Image als Wirtschaftsstandort, Image als Wohnstandort, Umwelt, Lebensqualität und Sicherheit, unternehmensfreundliche und flexible Verwaltung) seine Zukunft noch vor sich. Im harten Wettbewerb um die Ansiedlung von Unternehmen genügt potentiellen Investoren der Verweis auf die Prosperität, hervorragende Infrastruktur und geografische Lage nicht mehr. Es geht um die Lösung von Fragen wie beispielsweise: wie kann der Standort mit der Dynamik des ihn umgebenden Umfeldes mithalten? aus welchen individuellen und kollektiven Standortfaktoren setzt sich das Kapital des Standortes zusammen, auf das er bei der Lösung seiner Aufgaben zurückgreifen kann? sind die notwendigen Fähigkeiten vorhanden, um das vorhandene Potenzial produktiv nutzen zu können? wie kann man die vorhandenen Erfolgsfaktoren des Standortes bündeln und konzentrieren? Die Wirtschaftsförderung braucht daher neue Impulse, um in ihrem Bereich die Zukunft von Arbeitsplätzen zu sichern. Bildung Standortfaktoren-Cluster. die identifizierten Standortfaktoren werden jeweils einem der fünf Cluster „GP Geschäftsprozesse", „GE Erfolgsfaktoren", „HK Humanfaktoren", SK Strukturfaktoren" oder „BK Beziehungsfaktoren" zugeordnet:

Geschäfts-prozesse	Standort-			
	Erfolgs-faktoren	Human-faktoren	Struktur-faktoren	Beziehungs-faktoren
GP-1	GE-1	HK-1	SK-1	BK-1
GP-2	GE-2	HK-2	SK-2	BK-2
GP-3	GE-3	HK-3	SK-3	BK-3
GP-4	GE-4	HK-4	SK-4	BK-4
GP-5	GE-5	HK-5	SK-5	BK-5

Diese Vorgehensweise unterstützt, erleichtert, ermöglicht u.a.: Zuordnung von Verantwortlichkeiten auf Standortfaktoren, Zuordnung von Ressourcen auf Standortfaktoren, Zuordnung von Maßnahmen auf Standortfaktoren, Zuordnung von Indikatoren auf Standortfaktoren. Im Rahmen der Gewichtung von Standortfaktoren wird der Einbau einer zusätzlichen zweiten Gewichtsstufe durch den eindeutigen Bezug auf einen bestimmten Cluster von Standortfaktoren systematisch sauber ausführbar. Mehrere Dimensionen der Standortbewertung: die Bewertung von Standortfaktoren erfolgt nicht nur eindimensional, sondern durchgängig nach drei verschiedenen Dimensionen Quantität, Qualität und Systematik. Mit der Dimension „Quantität" wird die Menge und Verfügbarkeit eines Standortfaktors zum Ausdruck gebracht. Die Dimension „Qualität" gibt an, ob und wie vorhandene Standortfaktoren den an sie gestellten Anforderungen (Vgl. hierzu auch Eigen- und Fremdbild des Standortes) entsprechen. Die Dimension „Systematik" spiegelt Beurteilungen wider, ob ein Standortfaktor systematisch ausgebaut und nachhaltig weiterentwickelt wird (Hinweise auf die Zukunftsfähigkeit des Standortes). Für Handlungsempfehlungen im Rahmen von Potenzial-Portfolios werden diese drei Blickwinkel, aus denen jeweils ein Standortfaktor betrachtet wird, zu einem Gesamtwert zusammengefasst. Wenn somit jeder Standortfaktor nicht nur aus einer, vielleicht begrenzten oder eingeengten Blickrichtung in Augenschein genommen wird, werden die Bewertungen einzelner Aspekte des Standortes zwar komplexer aber auch sicherer und aussagefähiger.

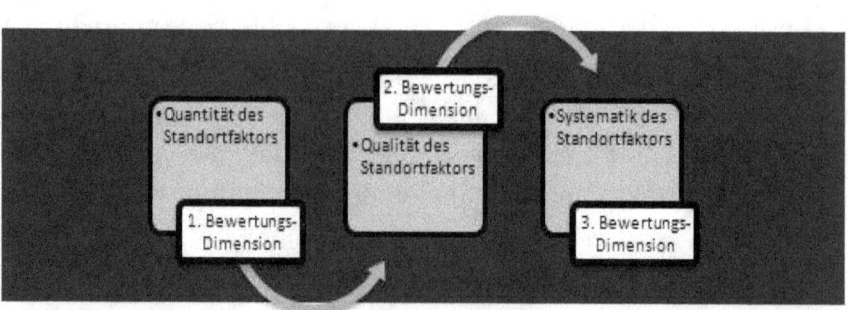

Einfache Gewichtung innerhalb Gesamt-Standort	
GP-1	%
GP-2	%
....	....
BK-4	%
BK-5	%
Alle Faktoren GESAMT	= 100%
Gewichtung innerhalb der Standort-Cluster	
GP-1	%
....	....
Alle Faktoren im Cluster GP	= 100 %
GE-1	%
....	....
Alle Faktoren im Cluster GE	= 100 %
HK-1	%
....	....
Alle Faktoren im Cluster HK	= 100 %
SK-1	%
....	....
Alle Faktoren im Cluster SK	= 100 %
BK-1	%
Alle Faktoren im Cluster BK	= 100 %

		Zusätzliche Gewichtung der Cluster
GP-1	%	
....	....	
Alle Faktoren im Cluster GP	= 100 %	Gewicht Cluster GP = %
GE-1	%	
....	....	
Alle Faktoren im Cluster GE	= 100 %	Gewicht Cluster GE = %
HK-1	%	
....	....	
Alle Faktoren im Cluster HK	= 100 %	Gewicht Cluster HK = %
SK-1	%	
....	....	
Alle Faktoren im Cluster SK	= 100 %	Gewicht Cluster SK = %
BK-1	%	
....	....	
Alle Faktoren im Cluster BK	= 100 %	Gewicht Cluster BK = %
	GESAMT	Alle Cluster = 100 %

Standortfaktoren verknüpfen

Die Erstellung einer Verknüpfungs-Matrix gibt gleichzeitig einen Anlass, um sich systematisch mit den zwischen Standortfaktoren bestehenden Verbindungen auseinanderzusetzen, die Wirkungen hinsichtlich ihrer Stärke und Dauer einmal genauer zu analysieren und in graphische Netzformen zu übersetzen. Bereits Diskussionen hierüber können nützliche Hinweise für Entscheidungsgrundlagen generieren:

	Wirkungsstärke -3 bis -3							
	GP-1	…….	GE-1	…….	HK-1	…….	SK-1	…….	BK-1….
GP-1		3	3	-1	0	1	1	2	3
…….	1	2	2	-2	3	3	2	-1	0
GE-1	3	-1		0	1	-3	2	2	2
…….	2	-3	1	0	3	2	1	3	1
HK-1	2	1	2	3		1	2	2	-2
…….	1	2	3	1	3	0	1	3	1
SK-1	3	1	3	-2	3	1		2	3
…..	1	1	3	1	3	2	3	2	0
BK-1	1	3	0	1	3	2	-1	-3	
…….	-2	1	2	3	0	2	2	1	3
	Wirkungsdauer a - d							
	GP-1	…….	GE-1	…….	HK-1	…….	SK-1	…….	BK-1….
GP-1		d	a	a	a	b	a	a	a
…….	a	a	a	c	c	d	a	c	c
GE-1	d	c		c	b	d	c	c	c
…….	c	d	a	b	c	d	d	a	a
HK-1	c	a	a	b		c	c	c	c
…….	a	a	b	c	a	a	a	c	c
SK-1	a	c	c	d	a	a		a	d
…..	a	c	b	c	b	b	a	d	a
BK-1	b	c	a	d	a	a	a	a	
…….	a	a	d	a	a	d	a	d	a

Portfoliomodell für Standort-Handlungsempfehlungen: aus der Systematik der Standortbilanz heraus können bereits Handlungsempfehlungen generiert werden. Dies sind keine Muss-Anweisungen, stellen aber trotzdem für eine Vielzahl von Anwendungen im Bereich der Standortentwicklung wertvolle Hinweise bereit.

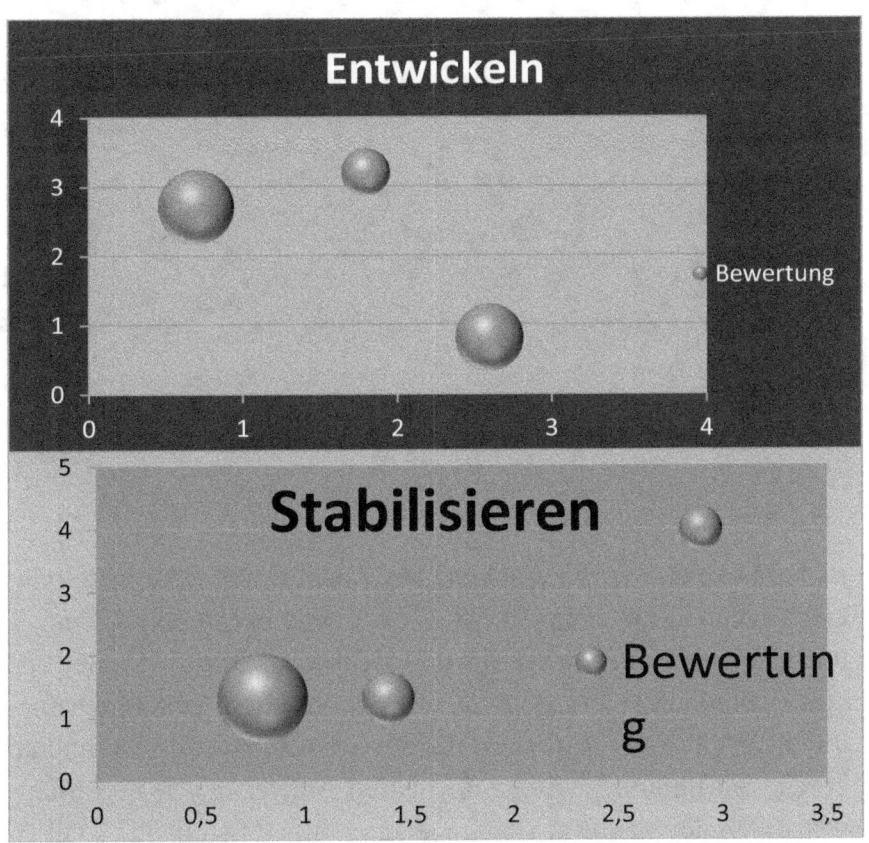

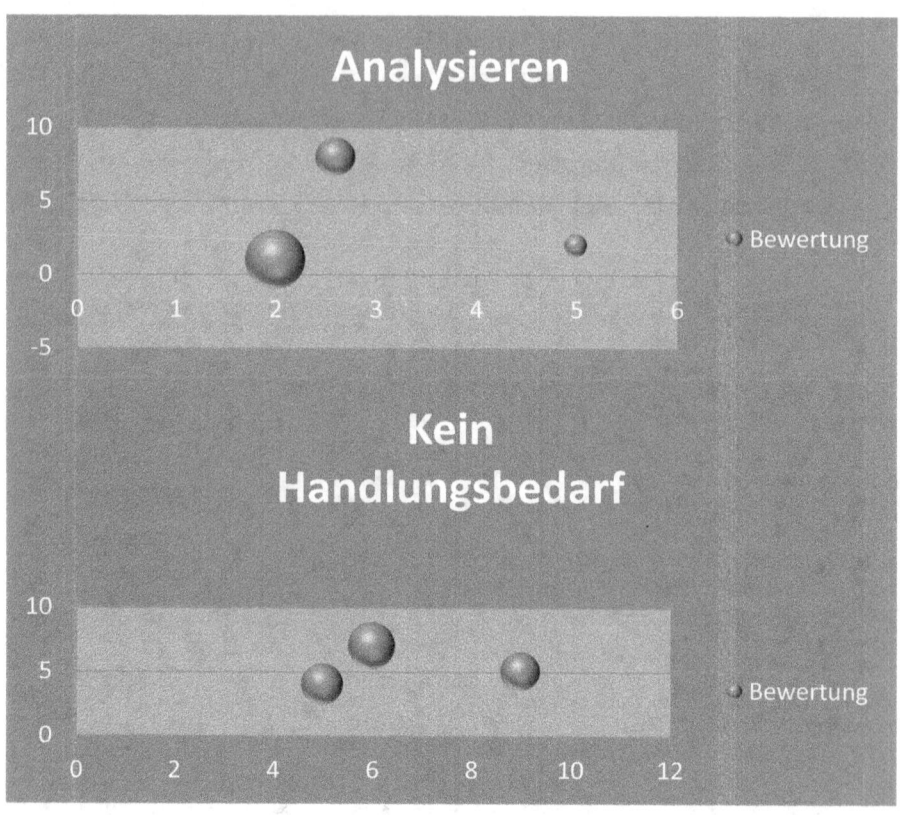

Es gibt keine guten und schlechten, sondern nur geeignete oder ungeeignete Standorte. D.h. je nach Sichtweise, Problematik und Anforderungen wird ein und derselbe Standort immer aus unterschiedlichen Perspektiven heraus gesehen. Mit ihrem methodisch gleichen Aufbau stellt die Standortbilanz Instrumente bereit, um unterschiedliche Ansichten, Bewertungen und Sichtweisen abgleichen und sich gegebenenfalls darstellende Lücken interpretieren zu können. Die Innensicht der Standortes wird durch die entsprechende Außensicht erweitert.

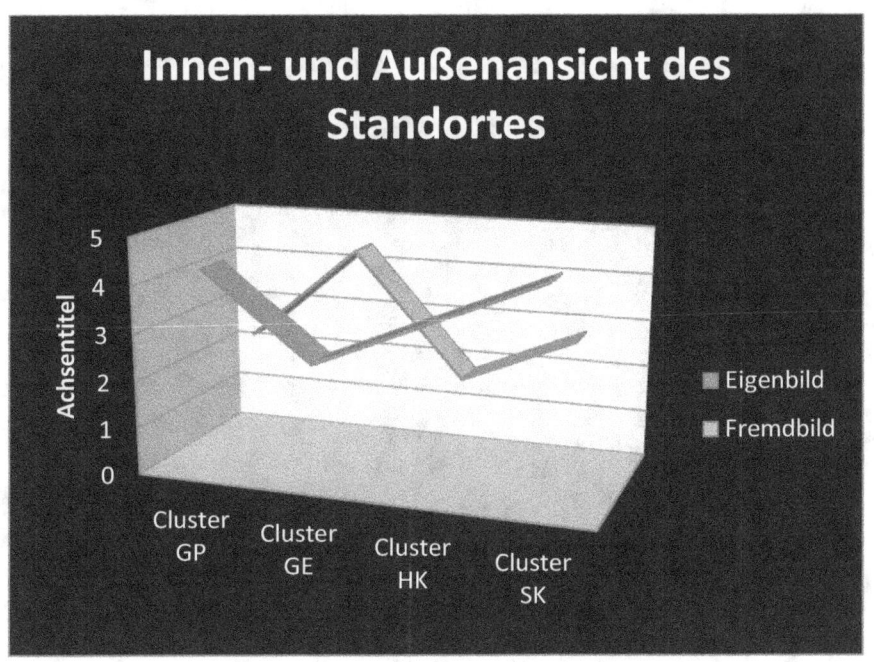

Mit einem Standortprofil-Diagramm kann das gesamte Profil eines Standortes mit allen Facetten, d.h. Standortfaktoren auf einen Blick erfassbar dargestellt werden:

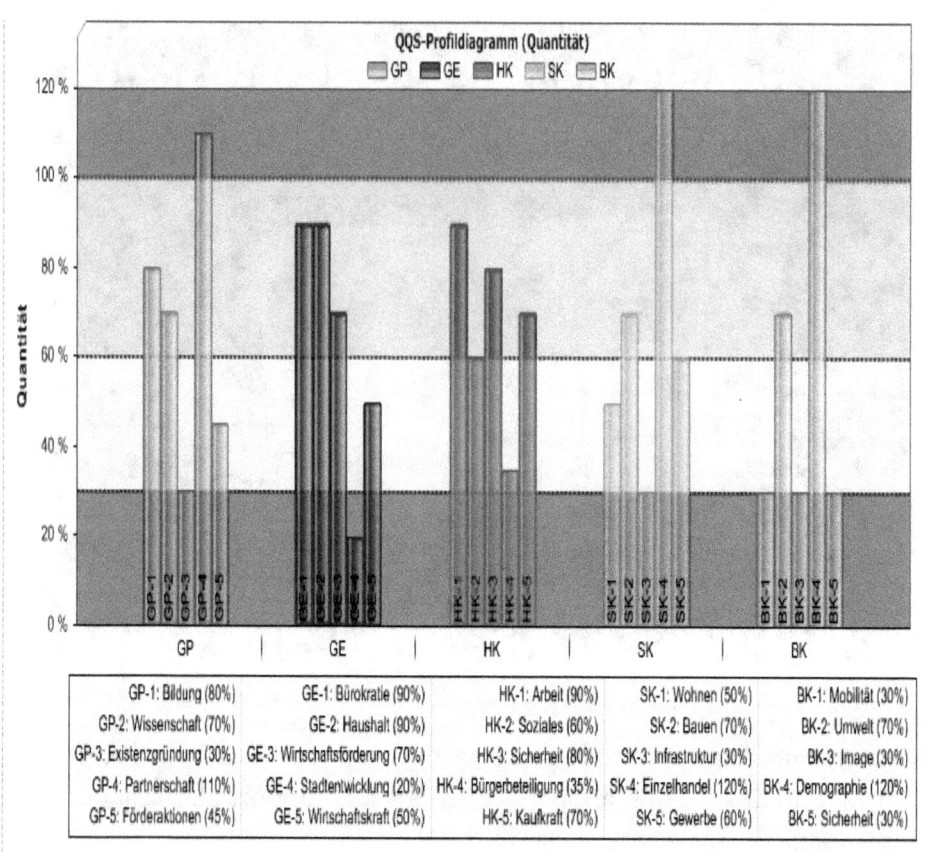

Interpretation:

Standortportfolio nach Bewertungsdimension. die Standortfaktoren werden auf Basis der drei unterschiedlichen Bewertungsdimensionen Quantität, Qualität und Systematik übersichtsweise in einem 4-Quadranten-Portfolio abgebildet. Die Größe der Kreise zeigt die Bewertung des Standortfaktors je nach gewählter Bewertungsdimension an. Die Lage des Kreises, d.h. ob er sich im 1., 2., 3. oder 4. Quadranten befindet, gibt Hinweise auf weitere Handlungsnotwendigkeiten und -potenziale des Faktors:

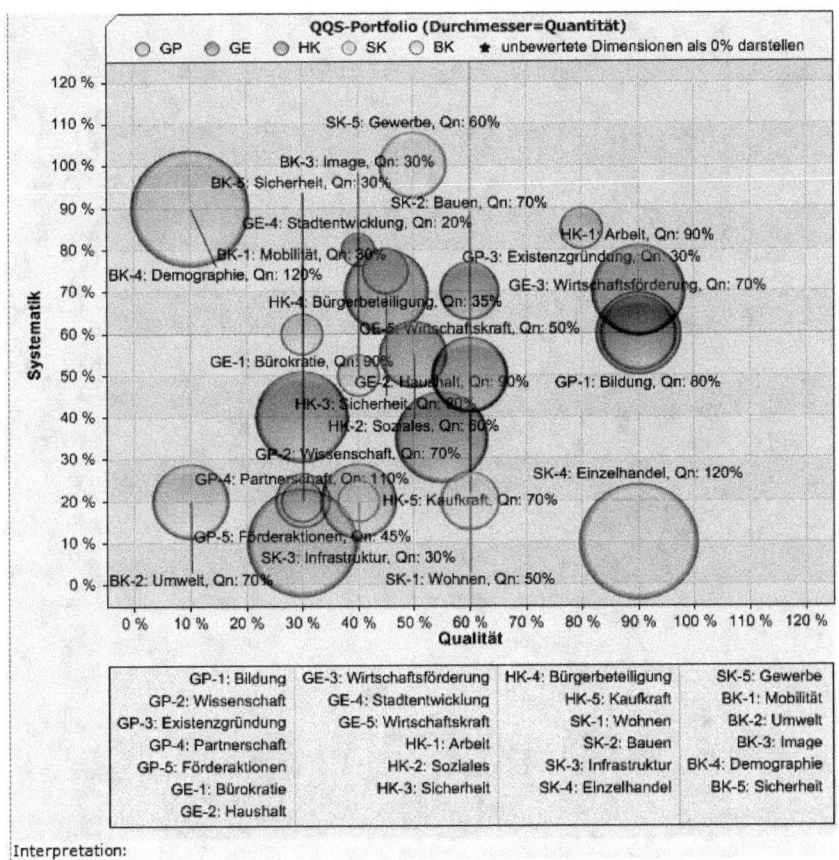

Standortampel-Diagramm: nach dem für jedermann verstehbaren Prinzip der Ampel wird auf einen Blick klar, welche Standortfaktoren jeweils im grünen oder gelben oder sogar im roten Bereich liegen.

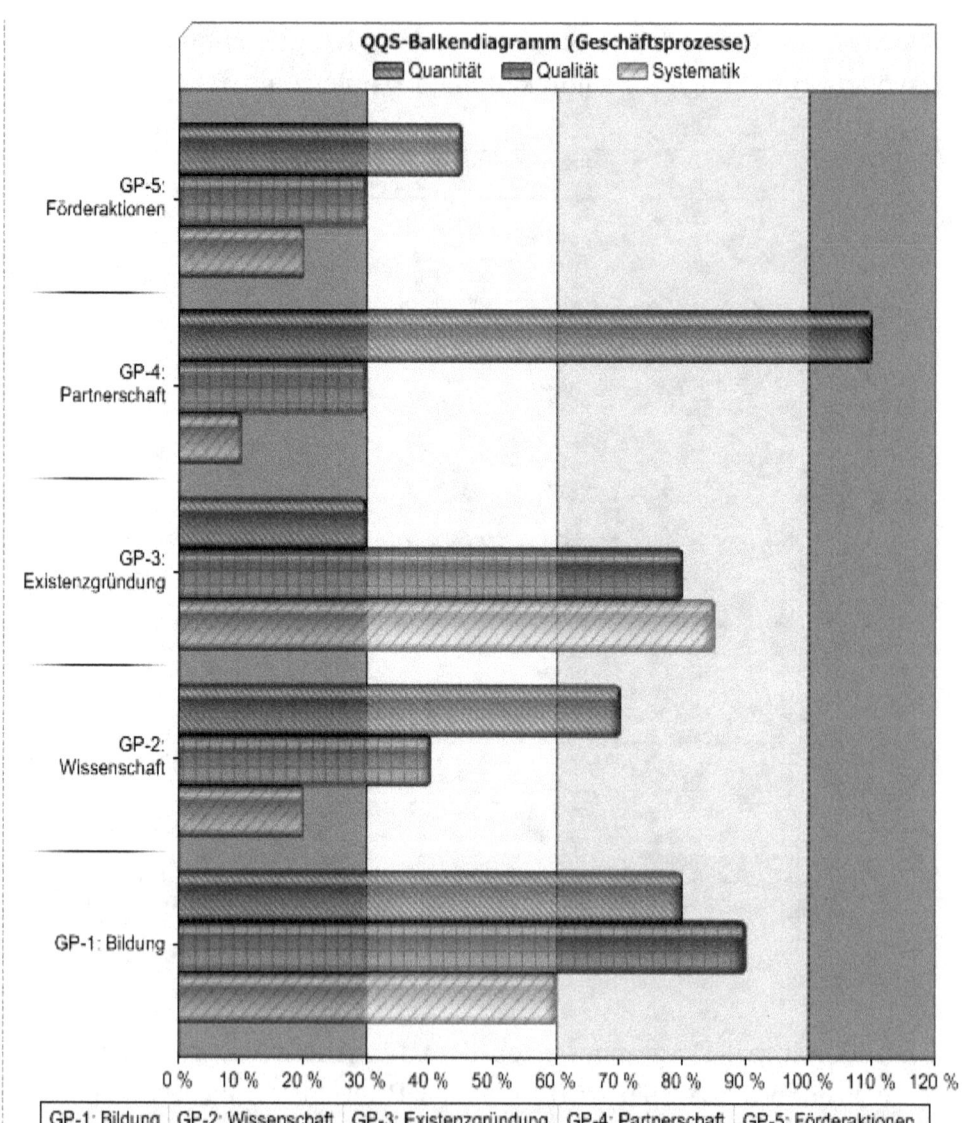

Interpretation:

Standortfaktor-Wirkungsnetz: zwischen einzelnen Standortfaktoren bestehen vielfältige Wirkungsbeziehungen von unterschiedlicher Stärke und Dauer. In ihren Einzelheiten sind solche Verknüpfungen kaum bekannt. Für eine fundierte Diskussions- und Entscheidungsgrundlage fehlen übersichtliche und je nach Bedarf flexibel anpassbare Darstellungsformen. Die Standortbilanz schafft Abhilfe.

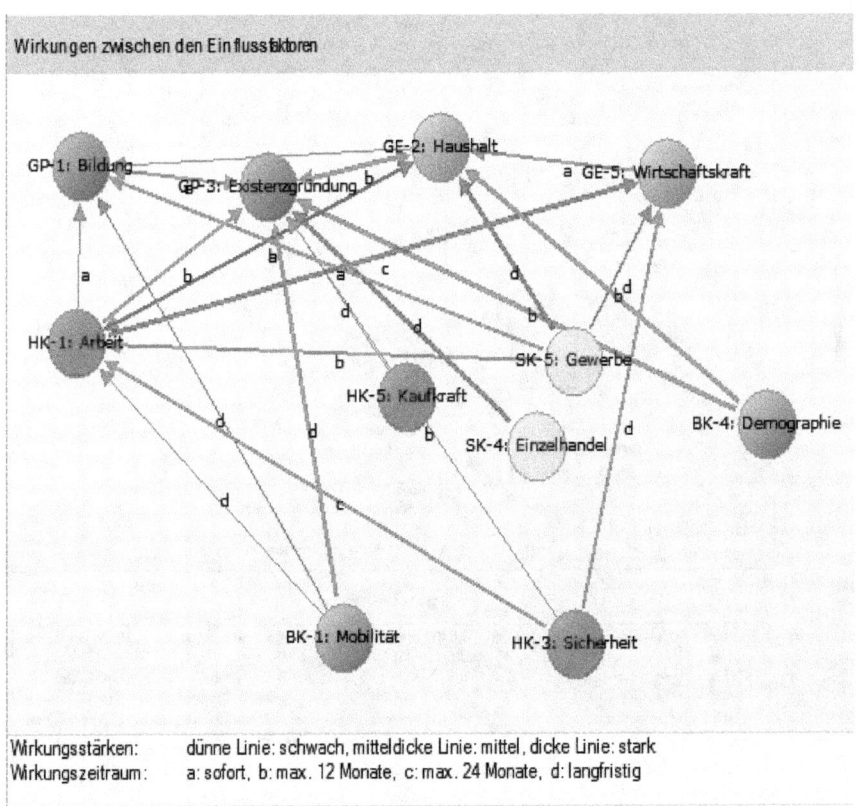

Standortpotenzial-Portfolio: die Standortfaktoren werden mit einer zusammengefassten Bewertung für alle drei Dimensionen Quantität, Qualität und Systematik dargestellt. Je nach vorgenommener Bewertung erfolgt eine Zuordnung auf einen der vier Empfehlungs-Quadranten „Analysieren", „Entwickeln", „Stabilisieren" oder „Kein Handlungsbedarf". Auf einen Blick wird sichtbar, welche Standortfaktoren das größte Entwicklungspotenzial versprechen.

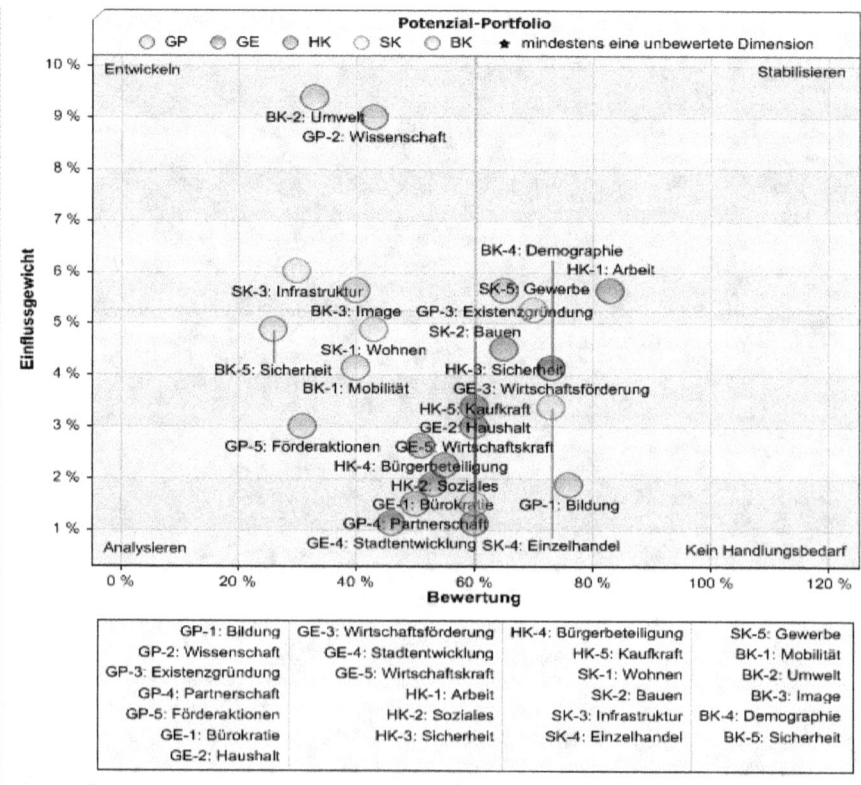

Interpretation:

Hebelkräfte „weicher" Standortfaktoren analysieren

Eine Aufgabe der Standortbilanz besteht u.a. darin, dazu beizutragen, den Einfluss von „weichen" Faktoren auf die Standortentwicklung als Hebelkraft zu nutzen. Gerade über immaterielle Vermögenswerte liegen oft nur wenige oder keine verlässliche Daten vor. Deshalb müssen insbesondere die weichen Faktoren erst einer systematischen Entwicklung und Steuerung zugänglich gemacht werden. D.h. Methoden und Instrumente zur systematischen Steuerung der wichtigsten immateriellen Standortressourcen werden zunehmend unverzichtbar. Schwierigkeiten ergeben sich dadurch, wenn es darum geht etwas zu bewerten, das man nicht mit dem Millimetermaß des Finanzcontrolling angehen kann. Nicht alles was gemessen wird, muss deshalb auch von Bedeutung sein; nicht alles was wichtig ist, muss deshalb auch zu messen sein. Leitfragen für ein Standortbilanz-Projekt sind beispielsweise: herrscht eine ausgesprochen quantitativ-finanzorientierte Kultur vor oder wurde bereits mit qualitativen Methoden oder Erfolgsmessung gearbeitet? sind bereits regelmäßig erhobene Daten oder ganze Meßsysteme verfügbar, die in Form einer Standortbilanz aggregiert werden könnten? welche sind im speziellen Fall die Aktiva (Stärken, Chancen) und Passiva (Schwächen, Risiken) in einer Standortbilanz?

Ein Standort ist mehr als die Summe seiner Gebäude und Flächen: es geht um eine Bewertung des „Unbewertbaren", d.h. die Bewertung von (nach manchen Auffassungen) nicht bilanzierbaren Standortwerten. Eine wichtige Grundlage dafür stellt das Instrument der Standortbilanz deswegen dar, weil sich mit seiner Hilfe eine umfassende Bestandsaufnahme und Bewertung auch von immateriellen Faktoren realisieren lässt: mit dem Konzept der Standortbilanz lässt sich zudem eine Systematik anwenden, die auch zu den (zahlenorientierten) Denkstrukturen des Finanzbereichs passt. Die Standortbilanz macht Zusammenhänge zwischen Zielen, Geschäftsprozessen, Standortressourcen und Geschäftserfolg transparenter. Durch das Hinterfragen komplexer Prozesse wird die Basis für zukünftige Verbesserungsmöglichkeiten gelegt. Da sich die Standorte nach Größe, wirtschaftlichem und sozialem Umfeld und nicht zuletzt auch hinsichtlich politischer Zielsetzungen unterscheiden, muss jede Kommune eine eigene Lösung entwickeln, die ihrem individuellem Profil am besten entspricht und zur Differenzierung von anderen Standorten die Stärken überzeugend herausstellt, gleichzeitig aber mögliche Schwachpunkte nicht verschweigt. Dabei ist die Potenzialperspektive ein strategisches Kernelement. Die Schwierigkeit des Erkennens von Potenzialen liegt vor allem darin, dass sie häufig mehr in Form von Visionen als in Form von exakt mess- und kontrollierbaren Zahlenwerten fassbar gemacht werden können. Ein ambitioniertes Planungsverständnis sollte dafür sorgen, dass das detaillierte Bild der immateriellen Standortfaktoren nicht länger unschärfer ist als beispielsweise das Wissen über Topografie, Flächennutzung, Landschaft und Umwelt.

In einer Standortbilanz interessieren alle jene Kriterien, nach denen Unternehmen ihre Entscheidungen für und gegen Neu- bzw. Erweiterungsinvestitionen treffen. Es soll daher ein Konzept entwickelt werden, das beschreibt/vorgibt, wie sich der Standort anhand der ihn aus-/ kennzeichnenden (immateriellen) Faktoren positionieren will. Die Entwicklung des Standortes ist das Ergebnis einer Vielzahl von Faktoren. Aufgrund von Untersuchungen lassen sich einige, besonders relevant erscheinende Bereiche hervorheben. Anhand dieser sowohl wachstumsbeschleunigenden als auch bremsenden Einflussfaktoren, muss jeder Standort für sich genau analysieren, ob er bisher langsamer oder schneller gewachsen ist, sich besser oder schlechter entwickelt hat, als die Standortfaktoren es ihm erlaubt hätten. Einfach kommunizierbare Darstellung: Beispiele, auf welche Weise auch komplizierte Standort-Sachverhalte leicht verständlich dargestellt werden, sind Ampel- oder auch Smiley-Darstellungen:

QQS-Bewertung

ID	Einflussfaktor	Aktiv	Qn-Ist %		Ql-Ist %		Sy-Ist %	
GP-1	*Wie sind die Einflussfaktoren hinsichtlich ihrer Quantität (Qn), Qualität (Ql) und Systematik (Sy) ausgeprägt?*	☑			90	☺	60	☺
GP-2	Wissenschaft	☑	70	☺	40	😐	20	☹
GP-3	Existenzgründung	☑	30	☹	80	☺	85	☺
GP-4	Partnerschaft	☑	110	☹	30	☹	10	☹
GP-5	Förderaktionen	☑	45	😐	30	☹	20	☹
GE-1	Bürokratie	☑	90	☺	30	☹	40	😐
GE-2	Haushalt	☑	90	☺	55	😐	35	😐
▶ GE-3	Wirtschaftsförderung	☑	70	☺	90	☺	60	☺
GE-4	Stadtentwicklung	☑	20	☹	40	😐	80	☺
GE-5	Wirtschaftskraft	☑	50	😐	60	☺	70	☺
HK-1	Arbeit	☑	90	☺	90	☺	70	☺
HK-2	Soziales	☑	60	☺	50	😐	55	😐
HK-3	Sicherheit	☑	80	☺	45	😐	70	☺
HK-4	Bürgerbeteiligung	☑	35	😐	45	😐	75	☺
HK-5	Kaufkraft	☑	70	☺	60	☺	50	😐
SK-1	Wohnen	☑	50	😐	60	☺	20	☹
SK-2	Bauen	☑	70	☺	60	☺	50	😐
SK-3	Infrastruktur	☑	30	☹	40	😐	20	☹
SK-4	Einzelhandel	☑	120	☹	90	☺	10	☹
SK-5	Gewerbe	☑	60	☺	50	😐	100	☺
BK-1	Mobilität	☑	30	☹	30	☹	60	☺
BK-2	Umwelt	☑	70	☺	10	☹	20	☹
BK-3	Image	☑	30	☹	40	😐	50	😐
BK-4	Demographie	☑	120	☹	10	☹	90	☺

Einheitlicher Aufbau: Standortbilanzen können aus unterschiedlichen Sichtweisen (z.B. Innen- oder Außenbetrach-tung), von unterschiedlichen Personen oder Stellen, für unterschiedliche Standorten oder auch nur Bereiche hiervon, für unterschiedliche Zeiträume und Zeitpunkte aufgenommen und zusammengestellt werden. Aufbau und Struktur bleiben hiervon unabhängig immer gleich:

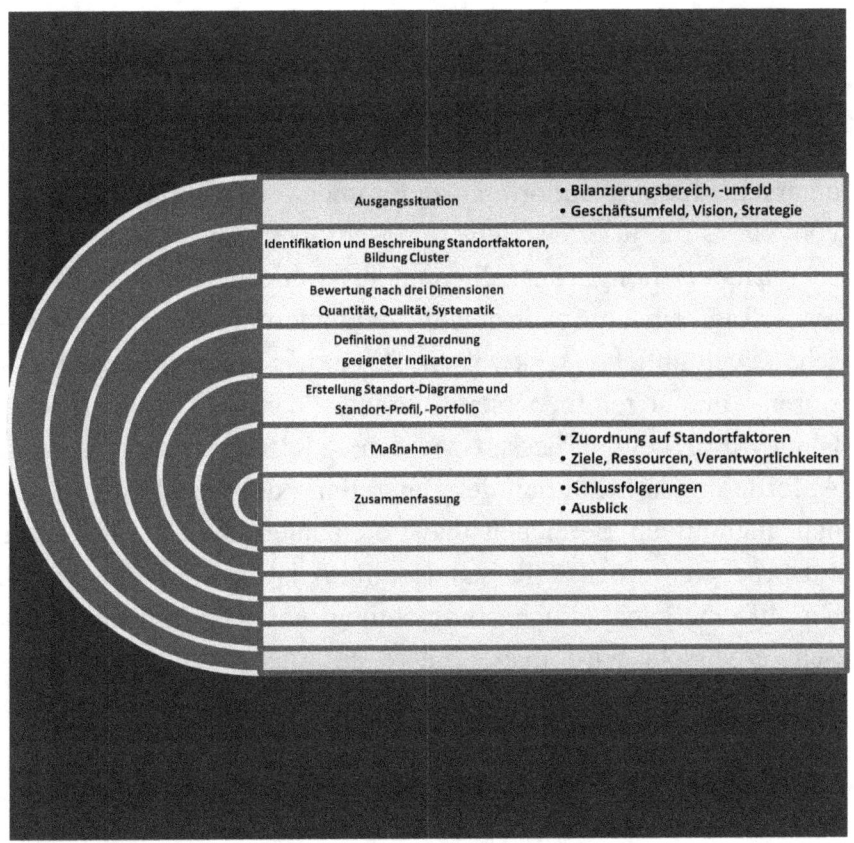

Sowohl die für Standortfaktoren vorgenommenen Bewertungen als auch die diesen Faktoren zugeordneten Indikatoren sind nach einem einheitlichen Muster strukturiert und einfach nachvollziehbar, d.h. somit auch überprüfbar durch einheitliche Abgrenzung und Zuordnung auf Faktoren-Cluster, einheitliche Bewertungsmethoden nach Quantität, Qualität und Systematik, eindeutige Zuordnung von Indikatoren von Standortfaktoren, einheitliche Definition und Interpretation von Indikatoren, eindeutige Zuordnung von Maßnahmen auf Standortfaktoren, einheitliche Strukturierung von Maßnahmen, eindeutige Verknüpfung von Faktoren nach Wirkungsstärke und –dauer, alle Einzel- Tatbestände im System durchgängig abstimmfähig, zeitlich oder lokal unterschiedliche Standortbilanzen immer vergleichbar. Mit Hilfe von klar strukturierten Bewertungsansätzen und weitestmöglicher Einbeziehung von zahlenmäßig kontrollierbaren Indikatoren erfolgt eine möglichst weite Annäherung an in der Wirtschaftswelt übliche Denkweisen. Besonders gegenüber der Investoren- und Kreditgeberseite können damit Akzeptanz und Glaubwürdigkeit verbessert werden. Vielfach vorausgesetzten Anforderungen bezüglich der Darstellung des Standortes in seinen qualitativen Bereichen und Potenzialen kann damit besser entsprochen werden. Die Standortbilanz ist bereits vom Ansatz her auf eine ganzheitliche Betrachtungsweise hin angelegt. Das Schwergewicht wird insbesondere auf die sogenannten „weichen" Standortfaktoren gelegt. Da bereits standardmäßig immer die fünf Cluster Geschäftsprozesse, Erfolgsfaktoren, Humanfaktoren, Strukturfaktoren und Beziehungsfaktoren vorstrukturiert sind, kann ein Standort nicht auf mehr oder weniger willkürlich herausgesuchte Einzelaspekte reduziert werden. Somit können sowohl vielseitige Informationsanforderungen aus unterschiedlichsten Richtungen als auch zahlreiche Planungs- und Entscheidungszwecke abgedeckt werden.

Besserer Überblick durch Bündelung

Kombiniert man Bündelung mit Gewichtung, schafft man mehr Transparenz: Bewertung immaterieller Standortressourcen. Konzept Standortbilanz mit durchgängiger Abstimmfähigkeit. Positionierung des Standortes. Direkte und indirekte Indikatoren und Messwerte. Standortwettbewerb und Standortbeziehungen. Standortmarketing und Wirtschaftsförderung. Scorecard und Kernprozesse des Standortes. Operative, finanzielle und wirtschaftliche Standortkriterien. Es geht um: „Weiche" Standortressourcen, Wettlauf der Standorte, wie gut ist der Standort aufgestellt? Transparenz für eine komplizierte Standortumwelt, individuelle Vorgehensweise, Innovation, Erreichbarkeit, Steuern, Regulierungsdichte, niemand ist eine „Standort-Insel", Scorecard, für die richtige Gewichtsverteilung sorgen, mehr Aussagekraft durch Gewichtsstufen-Bewertungsverfahren, Angebots- und nachfragebezogene Sichtweise, Bündelung der Standortfaktoren, Standort Geschäftsprozesse (GP), Standort Erfolgsfaktoren (GE), Standort Humankapital (HK), Standort Strukturkapital (SK), Standort Beziehungskapital (BK).

Verkehrsverbund nutzt der Region (Beispiel Rhein-Main): Verbundgebiet mit 15 Landkreisen und elf Städten: einfach einsteigen und losfahren – Schienennetz als Herausforderung – Zielgruppenspezifische Preisdifferenzierung. Gäbe es in der Rhein-Main-Region keinen Verkehrsverbund, so müsste er erfunden werden: täglich nutzen im Raum der Metropolregion etwa zweieinhalb Millionen Menschen Regionalbahnen, U-Bahnen, S-Bahnen, Straßenbahnen und Busse. Und das mit einem Fahrplan, einem Fahrschein und einem Fahrpreis. Aus einem System zufällig fahrender Züge wurde ein integrierter Verbund (mit normalerweise einem Zug je Stunde). Bestimmten Fahrgastgruppen werden spezielle Angebote gemacht: für Schüler und Studenten eine „Clever-Card", für Beschäftigte bestimmter Unternehmen ein „Job-Ticket". Innerhalb des Verbundgebietes liegen 15 Landkreise und elf Städten: eine Einheit, die das Reisen in der Metropolregion enorm erleichtert. Dabei müssen die den unterschiedlichsten Parteien angehörenden Bürgermeister, Landräte und Verkehrsdezernenten unter einen Hut gebracht werden. Der Reichtum von Rhein-Main beruht nicht unerheblich auf einem eng vermaschten Mobilitätnetz, das Tag für Tag Hunderttausenden ermöglicht, zur Arbeit, zur Universität, zum Einkaufen oder zu Sehenswürdigkeiten und Veranstaltungen zu fahren. Die Möglichkeiten des Verkehrsverbundes sind noch nicht ausgeschöpft. Große Fahrgastpotenziale werden insbesondere noch bei den Regionalbahnen gesehen. Am Ende soll einmal ein System stehen, „bei dem der Fahrgast einfach einsteigt und losfährt. Sein Smartphone meldet ihn automatisch an und ab, die Kosten werden wie beim Telefonieren am Ende des Monats abgerechnet. Die größte Herausforderung für den Verkehrsverbund: Ausbau des Schienennetzes. Die vorhandenen Strecken sind ausgelastet. Erwartung und Hoffnung richten sich auf: viergleisigen Ausbau der S-Bahn nach Bad Vilbel, Regionaltangente West, nordmainische S-Bahn u.a.

Auch ein Standort unterliegt einem dynamischen Wandel und Anpassungsdruck: insbesondere der richtige Umgang mit dem verfügbaren Standortkapital als Ressource wird für die Zukunft immer mehr zum entscheidenden Erfolgsfaktor. D.h.: die vorhandenen Ressourcen müssen auf den Ausbau und die Weiterentwicklung des Standortes optimiert werden. Gegenüber dem Management klassischer Produktionsfaktoren hat das Management der Standortfaktoren (speziell der "weichen Standortfaktoren" wie beispielsweise Image als Wirtschaftsstandort, Image als Wohnstandort, Umwelt, Lebensqualität und Sicherheit, unternehmensfreundliche und flexible Verwaltung) seine Zukunft noch vor sich. Im harten Wettbewerb um die Ansiedlung von Unternehmen genügt potentiellen Investoren der Verweis auf die Prosperität, hervorragende Infrastruktur und geografische Lage nicht mehr. Es geht um die Lösung von Fragen wie beispielsweise: wie kann der Standort mit der Dynamik des ihn umgebenden Umfeldes mithalten? Aus welchen individuellen und kollektiven Standortfaktoren setzt sich das Kapital des Standortes zusammen, auf das er bei der Lösung seiner Aufgaben zurückgreifen kann? Sind die notwendigen Fähigkeiten vorhanden, um das vorhandene Potenzial produktiv nutzen zu können? Wie kann man die vorhandenen Erfolgsfaktoren des Standortes bündeln und konzentrieren? Wettlauf der Standorte: für die Kommunen hat sich die Wettbewerbssituation weiter verschärft. In den Ballungsräumen ist für Unternehmen die Gewerbesteuer zur wichtigsten Steuer geworden. Dabei versuchen Standorte, sich gegenseitig Unternehmen abspenstig zu machen. Während der Steuerwettbewerb auf internationaler Ebene offen ausgetragen wird, verläuft dieser auf kommunaler Ebene auf einer niedrigeren Wahrnehmungsebene. Die Gewerbesteuer hat in ihrer relativen Bedeutung zugenommen und kann indirekt dazu beitragen, dass sich der Standortwettbewerb um Ansiedlung von Unternehmen zwischen den Kommunen weiter verschärft.

Wie gut ist der Standort aufgestellt? Es bedarf eines durchgängigen Konzeptes, das beschreibt/ vorgibt, wie sich der Standort anhand der ihn aus-/kennzeichnenden (immateriellen) Faktoren im Wettbewerb/ Markt, gegenüber Investoren/ Standortinteressenten sowie gegenüber anderen Standorten (in der Nähe, aber im Rahmen einer sich globalisierenden Wirtschaft auch in der Ferne) positionieren will. Dabei geht es um die Feststellung der für den Standort relevanten Geschäftsprozesse und Erfolgsfaktoren. Es muss untersucht und transparent gemacht werden, wie gut ein Standort tatsächlich aufgestellt ist und wo sich noch zusätzliche, möglicherweise brachliegende oder nur teilgenutzte Profilierungs- und Zukunftschancen verbergen. Es geht um das am Standort vorhandene Strukturkapital sowie das Humankapital und Beziehungskapital. Ein hier beispielhaft definiertes Paket von ca. 25 Einflussfaktoren könnte anschließend an nachfolgende Bearbeitungsschritte wie Bewertung, Messung, Wirkungsbeziehungen, Auswertung und Maßnahmenplanung übergeben werden. Hat man die wesentlichen Standortfaktoren vergleichbar zu den Bilanzpositionen eines Unternehmens strukturiert, ist eine Grundlage geschaffen, um diese Komponenten der wirtschaftlichen Standortentwicklung auch für Dritte nachprüfbar bewerten und messen zu können. Grundlage für diese Vorgehenssystematik einer Standortökonomie ist die Gliederung aller in die Bilanzierung einfließenden Standortfaktoren nach den folgenden fünf Gruppen: Prozess-, Erfolgs-, Human-, Struktur- und Beziehungsfaktoren.

Ergänzend können Wirkungszusammenhänge zwischen einzelnen Standortfaktoren beschrieben und hinsichtlich ihrer Wirkungsstärke analysiert werden. Eine Aufgabe der Standortökonomie besteht u.a. darin, dazu beizutragen, den Einfluss von „weichen" Faktoren auf die Standortentwicklung als Hebelkraft zu nutzen. Gerade über immaterielle Vermögenswerte liegen oft nur wenige oder keine verlässliche Daten vor: deshalb müssen insbesondere die weichen Faktoren erst einer systematischen Entwicklung und Steuerung zugänglich gemacht werden. D.h. Methoden und Instrumente zur systematischen Steuerung der wichtigsten immateriellen Standortressourcen werden zunehmend unverzichtbar. Schwierigkeiten ergeben sich eventuell dadurch, wenn es darum geht etwas zu bewerten, das man nicht mit dem Millimetermaß des Finanzcontrolling angehen kann. Denn: nicht alles was gemessen wird, muss deshalb auch von Bedeutung sein; nicht alles was wichtig ist, muss deshalb auch zu messen sein. Leitfragen für ein Standortbilanz-Projekt sind beispielsweise: herrscht eine ausgesprochen quantitativ- finanzorientierte Kultur vor oder wurde bereits mit qualitativen Methoden oder Erfolgsmessung gearbeitet? Sind bereits regelmäßig erhobene Daten oder ganze Meßsysteme verfügbar, die in Form einer Standortbilanz aggregiert werden könnten? Welches wären im speziellen Fall die Aktiva (Stärken, Chancen) und Passiva (Schwächen, Risiken) in einer solchen Standortbilanz? Transparenz für eine komplizierte Standortumwelt: niemand kann es sich heute noch leisten, dass seine immateriellen, unter Umständen aber sehr wertvollen Standortressourcen unerschlossen und damit unbrauchbar bleiben. Dabei kann heute allgemein eher über zu viel als zu wenig an Informationen verfügt werden. Was manchmal fehlt, ist die Fähigkeit, Transparenz in diese komplizierte Standortumwelt zu bringen, d.h. alle Standortfaktoren umfassend zu analysieren. Einen wichtigen Beitrag hierzu können Instrumente leisten, mit denen sich eine umfassende Bestandsaufnahme und Bewertung auch von immateriellen Faktoren realisieren lässt: mit dem Konzept der Standortbilanz lässt sich zudem eine Systematik anwenden, die auch zu den (zahlenorientierten) Denkstrukturen von Finanzbereichen passt. Die Standortökonomie weicher Faktoren macht Zusammenhänge zwischen Zielen, Geschäftsprozessen, Standortressourcen und Geschäftserfolg transparenter: die Verwendung der Standortressourcen wird dokumentiert und Zielerreichungen hieraus werden bilanziert. Durch das Hinterfragen komplexer Prozesse wird die Basis für zukünftig weitere Verbesserungsmöglichkeiten gelegt.

Individuelle Vorgehensweise: da sich die Standorte nach Größe, wirtschaftlichem und sozialem Umfeld und nicht zuletzt auch hinsichtlich politischer Zielsetzungen unterscheiden, muss jede Kommune eine eigene Lösung entwickeln, die ihrem individuellem Profil am besten entspricht und zur Differenzierung von anderen Standorten die Stärken überzeugend herausstellt, gleichzeitig aber mögliche Schwachpunkte nicht verschweigt. Dabei ist die Potenzialperspektive ein strategisches Kernelement. Die Schwierigkeit des Erkennens von Potenzialen liegt vor allem darin, dass diese häufig mehr in Form von Visionen als in Form von exakt mess- und kontrollierbaren Zahlenwerten fassbar gemacht werden können. Ein ambitioniertes Planungsverständnis sollte dafür sorgen, dass das detaillierte Bild der immateriellen Standortfaktoren nicht länger unschärfer ist als beispielsweise das Wissen über Topografie, Flächennutzung, Landschaft und Umwelt. Es interessieren alle jene Kriterien, nach denen Unternehmen ihre Entscheidungen für und gegen Neu- bzw. Erweiterungsinvestitionen treffen. Die Entwicklung des Standortes ist das Ergebnis einer Vielzahl von Faktoren: aufgrund von Untersuchungen lassen sich einige, besonders relevant erscheinende Bereiche hervorheben. Anhand dieser sowohl wachstumsbeschleunigenden als auch bremsenden Einflussfaktoren, muss jeder Standort für sich genau analysieren, ob er bisher langsamer oder schneller gewachsen ist, sich besser oder schlechter entwickelt hat, als die Standortfaktoren es ihm erlaubt hätten.

Innovation, Erreichbarkeit, Steuern, Regulierungsdichte; die Entwicklung eines Standortes ist eng mit der Entwicklung von Innovationsfähigkeit verknüpft. Da sich der Innovationsoutput schwerer messen lässt, sollte der Innovationsinput (beispielsweise Ausbildungsstand des Humankapitals, Ausgaben für Forschung & Entwicklung) als indirekte Messgröße erhoben werden. Die Entwicklung eines Standortes wird im Zeitalter der Globalisierung weiterhin wesentlich durch seine Erreichbarkeit bestimmt: eine gute Verkehrsanbindung ist heute für nahezu alle konkurrenzstarken Standorte gegeben; sie wird mehr oder weniger als gegeben vorausgesetzt. Steuern stellen sowohl für Unternehmen als auch für Arbeitnehmer eine wichtige Kostenkomponente dar: im Standortwettbewerb spielt die Höhe der Hebesätze eine große Rolle. Regulierung: untersucht werden sollte die Regulierungsdichte einschließlich bremsender oder fördernder Auswirkungen sowohl auf Produktmärkten als auch auf dem Arbeitsmarkt. Im global vernetzten Wirtschafts- und Finanzgeschehen mit den für alle Beteiligten nahezu unbegrenzten Informationsmöglichkeiten und Datenquellen gibt es keine „Standort-Inseln". Jeder Standort steht somit direkt oder indirekt in Wirkungs- und teilweise Abhängigkeitsbeziehungen zu einer Vielzahl anderer Standorte. Die Steuer-Konkurrenz findet nicht nur international sondern auch direkt vor der eigenen Haustür von Kommune zu Kommune statt.

Es reicht daher nicht aus, nur über das Geschehen am eigenen Standort genauestens im Bilde zu sein: man muss sich zusätzlich darüber Klarheit verschaffen, wen man als Konkurrenten zu beobachten hat und was sich in der direkten Nachbarschaft, d.h. in einem Umkreis von ca. 100 km abspielt. Das Standortmarketing muss weit über den eigenen Tellerrand hinausschauen und jegliches Kirchturm-Denken vermeiden. Die Wirtschaftsförderung darf neben lokalen weder bundesweite noch internationale Aspekte aus ihrem Radarschirm verlieren. Aus methodischer Sicht bieten sich zwei miteinander verwandte Instrumente an: Konkurrenzanalyse und Benchmarking. Es kommt darauf an, dem Geheimnis erfolgreich agierender Standorte auf die Spur zu kommen. Greift der Standort auch auf Fremdeinschätzungen zurück, so wird er quasi automatisch dazu gezwungen, sich nicht ständig immer nur von innen, sondern verstärkt durch die Brille des Marktes (von potenziellen Ansiedlern, Investoren u.a.) zu betrachten. Die an Entscheidungsprozessen beteiligten Schlüsselpersonen des Standortes gewinnen damit Kernindikatoren und Maßstäbe, die ihnen wertvolle Hinweise liefern können, was intern zu machen ist, um den Erwartungen des Marktes zu genügen.

Clusteranalyse auf dem Punktezettel

Scorecard: mit Hilfe einer dem Punktezettel beim Boxen ähnlichen Ergebnistafel kann aus verschiedenen Perspektiven festgehalten werden, was der Standort in der Berichtsperiode zuwege gebracht hat und wo er im Wettbewerb steht. Einen solchen Erhebungs- und Berichtsbogen kann man sich wie die Instrumententafel im Cockpit eines Flugzeuges vorstellen: D.h. für die komplizierte Aufgabe des Navigieren und Steuern benötigen die Piloten (standortverantwortlichen Entscheidungsträger) detaillierte Daten über zahlreiche Umstände des Fluges (des Standortes): sie müssen informiert sein über Treibstoff, Geschwindigkeit, Höhe, Luftdruck, Flugziel und andere Messwerte, die insgesamt ihr derzeitiges und erwartetes Umfeld beschreiben (sich nur auf ein einziges Instrument zu verlassen, kann dabei risikoreich sein). Zuvor identifizierte Standortfaktoren werden also in Form einer Punkte-Bewertung anhand von vorher festzulegenden Beurteilungskriterien beurteilt: für den Standort (und ggf. im Vergleich hierzu für weitere Standortkonkurrenten) könnten auf einer Punkteskala (beispielsweise von 0 = Standortfaktor nicht vorhanden/erfüllt bis 12 = bestmögliche Erfüllung des Standortfaktors) entsprechende Bewertungen vergeben werden.

Für die richtige Gewichtsverteilung sorgen: bei näherem Hinsehen reicht es aber nicht aus, jeden Standortfaktor nur auf einer Punkteskala zu bewerten und die sich hieraus ergebenden Punktwerte dann einfach aufzuaddieren. Für den speziellen und konkreten Einzelfall wäre die für einen Standort so errechnete

Gesamt-Bewertungssumme wenig aussagekräftig: unter bestimmten Bedingungen könnte ein solches Vorgehen auch zu Fehlinterpretationen verleiten oder sogar zu Falschbewertungen führen. Es gilt daher die Frage zu klären: welcher Standortfaktor ist besonders wichtig, welcher vielleicht weniger wichtig? Im Wege von Fremdbilderhebungen und Konkurrenzanalysen taucht somit zwangsläufig das Problem der unumgänglichen Gewichtung von Standortfaktoren auf. Unabhängig davon, ob eine Bewertung im Wege der Eigenbild- oder Fremdbildanalyse erstellt werden soll bleibt damit ein weiteres Problem zu lösen: aus Sicht des individuellen Nachfragers, d.h. beispielsweise eines ansiedlungsinteressierten Unternehmens stellt sich auch jeder Standortfaktor von mit einer von Fall zu Fall sehr unterschiedlichen Bedeutung dar. Um das Verfahren der Punktebewertung weiter zu verfeinern, kann man zusätzlich jeden Standortfaktor entsprechend seiner Bedeutung (meistens prozentual ausgedrückt) gewichten. Das Verfahren kann jeweils nach individuellen Wünschen und Anforderungen eines Standort-Interessenten angepasst werden. Wird jedoch eine Vielzahl von Einzelfaktoren nur einfach gewichtet, so würde sich eine reine Addition der hieraus errechneten Bewertungsziffern zu sehr dem oben als nicht ausreichend erkannten Punktebewertung-Verfahren angleichen.

Mehr Aussagekraft durch Gewichtsstufen-Bewertungsverfahren: das Bewertungsverfahren für Standortfaktoren sollte daher in einer weiteren, zweiten Gewichtungsstufe noch zusätzlich ausgebaut und verfeinert werden (= Gewichtsstufen- Bewertungsverfahren). 1. Stufe: jedem Standortfaktor wird ein Punktwert von beispielsweise 1 – 12 zugeordnet, die so verteilten Punktwerte werden zu einer Gesamt-Punktzahl für den jeweiligen Standort aufaddiert. 2. Stufe: in einem weiteren Schritt wird jeder Standortfaktor entsprechend seiner Bedeutung prozentual gewichtet, jede für einen Standortfaktor zuvor vergebene Punktzahl wird mit diesem Gewichtungsfaktor multipliziert und die so neu ermittelten Punktzahlen wieder zu einem Gesamtwert für den jeweiligen Standort aufaddiert. 3. Stufe: auf der letzten Beurteilungsstufe wird zusätzlich jede zusammengefasste Standortfaktoren-Gruppe nochmals für sich selbst gewichtet. Hieraus ergibt sich eine Standort-Bewertungsziffer mit erhöhter Aussagekraft. Der Standortentscheider kann seine persönlichen Bewertungen, Gewichtungen mit den errechneten Bewertungsziffern abgleichen. Angebots- und nachfragebezogene Sichtweise: grundsätzlich gibt es im Markt keine schlechten Standorte, sondern lediglich solche, die nicht für jede Nutzung und jedes Unternehmen geeignet sind. Der Markt der Standorte sollte somit aus unterschiedlichen Sichtweisen und Blickwinkeln betrachtet werden: nachfrageorientierte Sichtweise der Standortsuche von Unternehmen, angebotsorientierte Sichtweise des Standortmarketing von Gemeinden, Städten und Regionen, innenbezogene Sichtweise für interne Diskussionen und Abstimmungen.

Da auf der Angebotsseite des Standortmarktes die Standortökonomie weicher Faktoren nicht nur interne Planungs- Verwaltungs- und Entscheidungsprozesse unterstützt, sondern auch der

Kommunikation nach außen, beispielsweise mit Investment Professionals der Nachfrageseite dienen soll, sollte vorab geklärt werden, auf welche Weise in der Praxis der Ablauf einer Standortsuche erfolgt: typischerweise erfolgt dabei ein Abgleich der Standortanforderungen (des suchenden Unternehmens) mit den Standortbedingungen (der anbietenden Kommune). Die nachfrageorientierte Standortsuche eines Unternehmens beginnt mit der Aufstellung eines Systems von Standortanforderungen und erstellt hieraus eine Rangfolge hinsichtlich ihrer Bedeutung (einschl. Gewichtung) für die Ansiedlung. Auf dieser Basis werden innerhalb eines in der Regel engen Suchraumes mögliche Standortalternativen meist aufgrund von Erfahrungswerten der Entscheidungsträger oder punktueller Analysen beurteilt. Abschließend wird dann ein Vergleich der Standortanforderungen mit den Standortbedingungen ausgesuchter möglicher Standorte (z.B. durch Punktbewertungsmodell, Nutzwertanalyse, Profilmethode) vorgenommen.

Obwohl Standorte auf der Ebene von kreisfreien Städten und Gemeinden die vielfältigsten Ansiedlungsmöglichkeiten und Standortbedingungen aufweisen und die Ausprägungen einzelner Standortfaktoren dabei um mehrere Hundertprozentpunkte differieren können, prüfen standortsuchende Unternehmen gemäß einer Untersuchung der Forschungsstelle für empirische Sozialökonomik (Köln) durchschnittlich lediglich 2, im Höchstfall nur bis zu 6 Standortalternativen. Der Grund hierfür liegt darin, dass sich eine flächendeckende Prüfung aller Standortalternativen auf Gemeindeebene bereits bei einer kleinen Zahl von

Standortfaktoren schwierig gestalten kann, d.h. eine nachfragebezogene Untersuchung der nahezu 14.000 Städte und Gemeinden in Deutschland ist mit herkömmlichen Methoden nicht möglich. Umso mehr kommt es darauf an, dass mit dem Verfahren einer angebotsbezogenen Standortbilanz eine Möglichkeit geschaffen wird, die genutzt werden kann, um möglichst frühzeitig und sicher in die Festlegung des Standortsuchraumes und der jeweils von Investment Professionals untersuchten Standortalternativen zu gelangen. Von der Angebotsseite her sollte Klarheit darüber geschaffen werden, aus welchen Positionen sich das immaterielle Kapital eines Standortes überhaupt zusammensetzt.

Gruppenbildung der Standortfaktoren, beispielsweise Gruppe 1:Bilanzierung und Steuerung „weiche" Standortfaktoren, STEK Standortentwicklungskonzept, STEL Standortleitbild, Standort- und City-Marketing, Wirtschaftsförderung – Akquisition Unternehmen, Wirtschaftsförderung – Bestandspflege ortsansässige Unternehmen, Existenzgründungs-/ Beratungsunterstützung, regionale Förderungen, Nähe zu Forschung/ Entwicklung, High-Tech-Strategien, Standort-Kostenfaktoren (Gewerbesteuer, Energie u.a.), Attraktivität, Image, sonstige Rahmenbedingungen, Entwicklungspotenziale, Handlungsspielräume, Finanzlage. Gruppe 2: Einwohnerstruktur, soziales Umfeld, Sicherheit, Kaufkraft, verfügbare Einkommen, Konsumverhalten, Intellektuelles Wissenskapital, Kompetenznetzwerke, Arbeitskräftepotenzial, verfügbare Fachqualifikationen, eGovernment, kommunale Kompetenzen/ Verwaltungsprozesse. Gruppe 3: Gewerbeimmobilienpotenziale, Erweiterungsoptionen, Wohn- und Lebensqualität, Freizeit-, Sportangebote, Infrastruktur, Einkaufsmöglichkeiten, wohnraumnaher Einkauf, Gesundheits-, Betreuungseinrichtungen, Ärzte, Apotheken, Bildung (Aus-, Weiterbildung, Forschung), Kultureinrichtungen. Gruppe 4: Verkehrsanbindungen, Logistikkapazitäten, Standort- Benchmarking, regionale Standortbeziehungen, Clustermanagement, Branchenbeziehungen, Kooperationen, Kongresse, Messen, Tagungen, soziale Netzwerke, Beziehungen Wirtschaft - Wissenschaft – Politik.

Standort-Prozesse (GP): es soll ein Grundverständnis über die wesentlichen Geschäftsprozesse des Standortes und deren Bedeutung geschaffen werden. D.h. Geschäftsprozesse (GP) bilden die wesentlichen Themengebiete zur Wirtschaftsentwicklung des Standortes ab. Es geht um die Abbildung des Geschäfts-(Standortentwicklungs-)modells in prozessorientierter Sicht: die Prozesse werden hierzu als Aktivitätsbündel definiert. Es sollen die für Wirtschaftsentwicklung/ Standort relevanten, d.h. wertschöpfenden Kernprozesse herausgearbeitet und beschrieben werden. Solche Kernprozesse müssen/sollten einen Mehrwert für ansässige Firmen, Ansiedlungsinteressenten, Investoren u.a. schaffen können. Fragen: Welches sind die wichtigen Kernprozesse, z.B. Verwaltungsprozesse (bürokratische Abläufe, Genehmigungsverfahren u.a.), Standortmarketing (z.B. Markt- / Konkurrenzanalyse, Info-Material, Neukundengewinnung, Imageförderung, Standortsicherung u.a.), Wirtschaftsförderung (Bestandspflege, Fördermittel u.a.)? Wie können so definierte Kernprozesse a) quantitativ und b) qualitativ bewertet werden?

Welche Indikatoren, Kennzahlen (Maßeinheiten: %, Anzahl, Euro etc.) können ggf. diesen Kernprozessen zugeordnet werden?

Standort-Erfolgsfaktoren (GE): Geschäftserfolge ergeben sich nicht automatisch, sondern müssen gezielt angestrebt werden: in diesem Fall geht es um mehr Transparenz über erfolgswirksame Standortfaktoren. Wer im Standortwettbewerb erfolgreich sein will, muss seine Erfolgshebel zuvor systematisch identifiziert haben. Standortentscheidungen werden aufgrund von operativen Kriterien, allgemeinem wirtschaftlichen Umfeld und finanziellen Kriterien getroffen. Unter operative Kriterien fallen jene Faktoren, die den geschäftlichen Ablauf unmittelbar beeinflussen können (Qualität der Infrastruktur mit Transport/ Logistik, Qualifikation/ Flexibilität der Arbeitnehmer, Verfügbarkeit von Gewerbeflächen u.a.). Unter Kriterien zum allgemeinen wirtschaftlichen Umfeld fallen Faktoren wie soziale Struktur, regionale Kompetenzen, Lebensqualität. Finanzielle Kriterien beinhalten Aspekte, die einen direkten Einfluss auf die Kostenstruktur eines potenziellen Investments haben (z.B. Arbeitskosten, Steuerlast, Verfügbarkeit von Fördermitteln. Weiterführend zur Definition/ Beschreibung der Kernprozesse des Standortes müssen die Faktoren identifiziert und beschrieben werden, mit denen diese Prozesse letztendlich zum Erfolg geführt werden können. Daraus folgt: Die Erfolgsfaktoren des Standortes leiten sich von den zuvor definierten Kernprozessen ab: d.h. Hauptfaktoren, die den Standort nach vorne bringen, an denen der Erfolg des Standortes festgemacht werden kann. Fragen: Welche sind die wichtigsten Standort-Erfolgsfaktoren, z.B. Gewerbesteuereinnahmen, Arbeitskosten, Kundenzufriedenheit (Standortimage, Wachstums-/ Ausbaupotential, Anpassungsgeschwindigkeit/ Innovations- und Reaktionsfähigkeit bezüglich Wandel der Rahmenbedingungen, Flexibilität hinsichtlich Kundenbedürfnissen u.a.)? Erfolgsfaktoren sind vor allem auch Erfolgspotentiale. Für die Messung werden daher Indikatoren zur %- Ausschöpfung der Erfolgspotentiale (Potentialausschöpfungs-Indikatoren) abgeleitet. Die Ermittlung von Potenzialen erfolgt durch Gegenüberstellung des eigenen Ist-Wertes mit einem Referenzwert (Benchmark). Nach der Justierung des Benchmark-Wertes erhält man das realistische Potenzial, für das konkrete, umsetzbare Optimierungsmaßnahmen abgeleitet werden können. Ziel ist somit eine Erfolgssteigerung durch Ausschöpfung auch immaterieller Vermögenswerte, über die in der Regel wenige o. keine verlässliche Daten vorliegen. Der Standort muss eine klare Vorstellung davon erlangen, welche Stellhebel für seinen Erfolg von Bedeutung sind. Es geht darum, den Überblick über interne und externe Daten, Informationen und Fähigkeiten zu behalten. Wenn der Standort seine Fähigkeiten nicht genauestens einzuordnen weiß, verpasst er auch die Gelegenheit, sie zu nutzen. Die Schaffung interner Wissenstransparenz umfasst die Feststellung des Status-Quo. Eine Bestandsaufnahme mit einer sorgfältigen Identifikation und Evaluation kritischer Fähigkeiten ist somit eine unerlässliche Voraussetzung für das Management insbesondere der weichen Standortressourcen. Die Instrumente der Standortökonomie (z.B. Standortbilanzierung) ermöglichen eine ansonsten sehr aufwendige Analyse von Kausalnetzen, deren Knoten innerhalb und außerhalb des Standortes liegen können. Dabei können viele, ansonsten kaum erkennbare Zusammenhänge, Kausalbeziehungen und Vernetzungen zutage treten.

Standort-Humankapital (HK): die Ressource "Humankapital" weist charakteristische Merkmale auf: als Humankapital des Standortes werden Faktoren identifiziert/beschrieben, die dem Standort nicht gehören und wieder verloren gehen, wenn die Personen oder dieser Personenkreis den Standort verlässt, inaktiv werden u.a. Beim Humankapital (HK)geht es um Fragen wie: Welches Wissen und welche Kompetenzen sind relevant? Welches Verhalten und welche Einstellungen sind wichtig/notwendig? Welche sind die wichtigsten Humankapitale des Standortes?, z.B. Qualifiziertes Arbeitskräftepotential (% Uniausbildung, % Ingenieure, % Führungskräfte, % Betriebswirtschaftler, Studierende, Schüler Business School), Kaufkraft, Einwohnerstruktur (weiblich/männlich, alt/jung, % Migrationshintergrund, % deutsch-/fremdsprachig). Wie können die definierten Humankapitalarten a) quantitativ und b) qualitativ bewertet werden? Welche Indikatoren, Kennzahlen (Maßeinheiten %, Anzahl, Euro etc.) können ggf. diesen Humankapitalen zugeordnet werden? Die Qualität des Humankapitals ist für den Standort ein wichtiger Wachstumsfaktor, weil er sowohl Innovation als auch Qualität ermöglicht. Das Humankapital (HK) umfasst alle Eigenschaften und Fähigkeiten von Personen, z.B.: Arbeitsqualifikation, Soziale Kompetenz, Arbeitsmotivation, Führungskompetenz. D.h. spezifische Fähigkeiten, Kompetenzen, Kapazitäten eines Standortes sind auch in Köpfen gespeichert. Je wissensintensiver die Leistungen heute werden, umso größer ist die Bedeutung dieses in Köpfen gespeicherten Wissens. Menschliche Arbeit wird zunehmend als Quelle für wirtschaftliche Wertschöpfung erkannt, sie ist jedoch nicht von den Personen, die sie leisten, zu trennen. Menschen sind keine passiven Gestaltungsobjekte, sondern Träger von Zielen, Bedürfnissen, Wertvorstellungen und der Möglichkeit des (re-)aktiven Handelns. D.h. Verlust von Wissensarbeitern bedeutet somit immer auch Standorteinbußen: Menschen und Informationen/ Wissen sind ein wertvolles Kapital. Rohmaterialien, Produktions-, Geschäfts- und Vermarktungsprozesse sind ggf. auch für alternative Standorte verfügbar: was im Gegensatz hierzu nicht schnell verfügbar gemacht werden kann, sind Wissen, Fähigkeiten, Qualifikationen, Erfahrungen, Motivation u.a. von Personen.

Standort-Strukturkapital (SK): ist das, was dem Standort auf Dauer gehört und unabhängig vom Humankapital (Personen) weitgehend erhalten bleibt. Fragen: Welches sind die wichtigsten Strukturkapitalien des Standortes, z.B. Wege- und Leitungsnetz (Dichte, Zustand etc.), Gewerbeflächen (Lage, Flexibilität, Preise), Versorgungseinrichtungen (Schulen, Kindergärten, Gesundheitseinrichtungen, Sport-/Freizeiteinrichtungen, Gastronomie/Hotels/ Übernachtungsmöglichkeiten, Naherholungsgebiete, Einkaufsmöglichkeiten, Industriehof)? Wie können die definierten Strukturkapitale a) quantitativ und b) qualitativ bewertet werden? Welche Indikatoren, Kennzahlen (Maßeinheiten: %, Anzahl, Euro etc.) können ggf. den Strukturkapitalen zugeordnet werden? Standort-Beziehungskapital (BK). Fragen: Welches ist das wichtigste Standort-Beziehungskapital, z.B. Verkehrsverbindungen Straße, Schiene, Luft (Autobahnanschlüsse, S-Bahn-Verbindungen, Bahnverbindungen, Flugverbindungen), Informationsgewinnung, Wissenstransfer (Kontakte zu Forschungseinrichtungen, Medien, Öffentlichkeitsarbeit, Standortinformationen, Informationslieferanten etc.), Finanzverbindungen (Steuerzahler, Investoren, Kapitalgeber)?

Kommunale Daseinsvorsorge

Schuldenbremse, Eingliederungshilfen, Steuereinnahmen versus Kosten. Es geht um Flüchtlinge, Wohnungen, Krankenhäuser, Inklusion. Lange Zeit wurde in diesem Zusammenhang die Privatisierung ehemals öffentlicher Leistungen propagiert, mittlerweile spricht man von einer „Renaissance der Daseinsvorsorge". Diese aber führt zu neuen Verteilungskämpfen zwischen Kommunen, Bund und Ländern. Besonders heftig werden diese Kämpfe unter dem Druck der Schuldenbremse ausgetragen. Augenfällig wird diese Entwicklung in der Energiewirtschaft: seit Beginn der Energiewende wird eine Rekommunalisierung der Stromversorgung diskutiert. Bei der Unterbringung von Flüchtlingen fühlen sie die Kommunen bei den hierfür anfallenden Kosten alleine gelassen. Wohnungen sind ein alter Bestandteil der kommunalen Daseinsvorsorge (Kosten der Unterkunft). Wohnungen gehören zur Grundsicherung, die Kosten hierfür wirken sich auf die Kommunen aber sehr unterschiedlich aus: Städte mit hoher Arbeitslosigkeit sind stark belastet, solche mit (nahezu) Vollbeschäftigung können das Geld für andere Zwecke einsetzen. Ein wachsendes Gefälle zwischen Städte hat seine Ursache in den unterschiedlichen Belastungen durch Sozialausgaben. Zu dem wohl umfangreichsten Programm der Daseinsfürsorge für die nächsten Jahre gehört die Eingliederungshilfe für Behinderte. Hierfür wurde in den letzten Jahren eine Vervielfachung der Kosten beobachtet. Eine ohnehin schon bestehende Kostendynamik könnte sich dadurch weiter verschärfen. Bei der Krankhausreform geht es auch um einen sogenannten

„Strukturfonds", aus dem Schließungen oder Umwidmungen von Krankenhäusern finanziert und dadurch Überkapazitäten abgebaut werden sollen. Aufgrund ihrer gesetzlichen Versorgungspflicht können (dürfen) Kommunen auf diesen Zweig der Daseinsvorsorge nicht verzichten. Insgesamt, so heißt es, trügen die Kommunen ein Viertel aller staatlichen Kosten, ihr Anteil an den Steuereinnahmen betrage aber nicht einmal fünfzehn Prozent.

Es geht um: Ausgangslage Cluster-Bündelung, angenommene Standortfaktoren-Liste, Bewertungen variieren mit Blickwinkel des Betrachters, Orientierung an Fachbereichen der Kommunalverwaltung, Einbeziehung ortsansässiger Firmen, Meinung von außenstehenden Dritten einholen, Ampel-Grundprinzip, Beispiel-Bewertungsbogen Prozessfaktoren, Prozessfaktoren-Ampel nach Quantität, Qualität, Systematik, Quantität-Ampel Prozessfaktoren, Qualität-Ampel Prozessfaktoren, Systematik-Ampel Prozessfaktoren, Prozessfaktoren- Erfüllungsgrad im gelb-rot-Bereich, Beispiel-Bewertungsbogen Erfolgsfaktoren, Erfolgsfaktoren-Ampel nach Quantität, Qualität, Systematik, Quantität-Ampel Erfolgsfaktoren, Qualität-Ampel Erfolgsfaktoren, Systematik-Ampel Erfolgsfaktoren, Erfolgsfaktoren- Erfüllungsgrad im gelb-rot-Bereich, Humanfaktoren-Ampel nach Quantität, Qualität, Systematik, Quantität-Ampel Humanfaktoren, Qualität-Ampel Humanfaktoren, Systematik-Ampel Humanfaktoren, Humanfaktoren-Erfüllungsgrad im gelb-rot-Bereich, Strukturfaktoren-Ampel nach Quantität, Qualität, Systematik, Quantität-Ampel Strukturfaktoren, Qualität-Ampel

Strukturfaktoren, Systematik-Ampel Strukturfaktoren, Strukturfaktoren-Erfüllungsgrad im gelb-rot-Bereich, Beziehungsfaktoren-Ampel nach Quantität, Qualität, Systematik, Quantität-Ampel Beziehungsfaktoren, Qualität-Ampel Beziehungsfaktoren, Systematik-Ampel Beziehungsfaktoren, Beziehungsfaktoren-Erfüllungsgrad im gelb-rot-Bereich. Ausgangslage Cluster-Bündelung: es wird angenommen, dass die für einen Standort geltenden Einflussfaktoren in folgenden 5 Clustern gebündelt wurden:

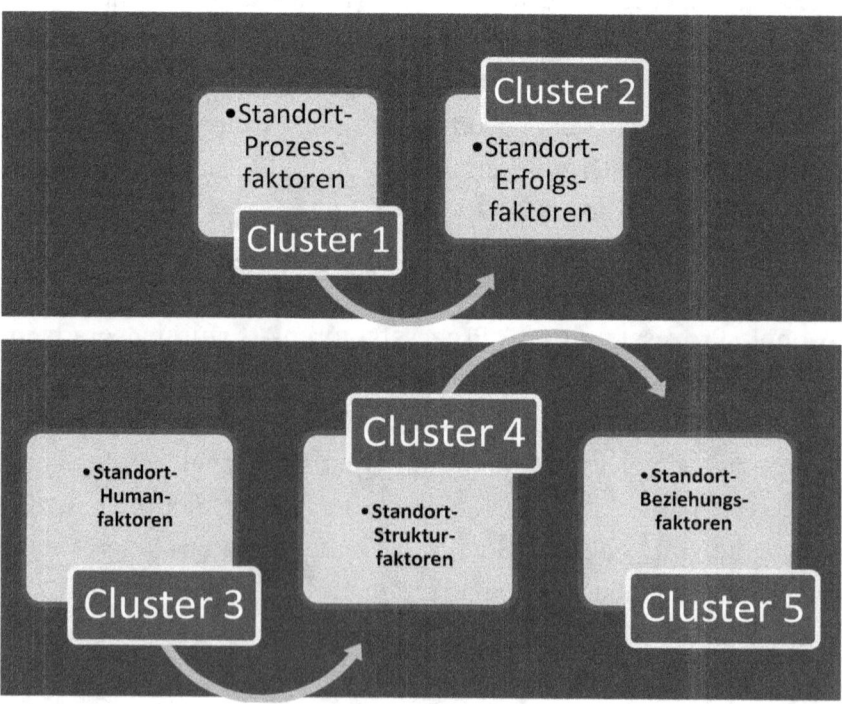

Angenommene Standortfaktoren-Liste: es wird weiter angenommen, dass man sich in einem Identifizierungsprozess auf folgende Standortfaktoren geeinigt hat und der Auffassung ist, dass hiermit der Standort möglichst vollständig abgebildet werden kann:

	Standortfaktoren
GP-1	Bilanzierung Standortfaktoren
GP-2	Standort-Entwicklungskonzept, -Leitbild
GP-3	Standort-, City-Marketing
GP-4	Wirtschaftsförderung - Akquisition
GP-5	Wirtschaftsförderung - Bestandspflege
GP-6	Bearbeitung Anrufe, E-Mails, Beschwerden
GP-7	Bearbeitung Baugenehmigungen, Flächenanfragen
GP-8	Abwicklung Auftragsrechnungen, Besprechungstermine
GE-1	Förderungen Mittelstand, Existenzgründungen
GE-2	High-Tech-, Innovationsförderungen
GE-3	Steuern, Gebühren, Abgaben u.a.
GE-4	Attraktivität, Image des Standortes
GE-5	Standortfinanzen, Haushaltslage
GE-6	Management of Change, Reaktionsflexibilität
GE-7	Örtliche Verwaltungsprozesse und -verfahren
GE-8	Umwelt-, Energie-, Wasserwirtschaft

HK-1	Soziales Umfeld, Sicherheit
HK-2	Kaufkraft, verfügbares Einkommen
HK-3	Wissenskapital des Standortes
HK-4	Arbeitskräftepotenzial
HK-5	Kommunale Kompetenzen
HK-6	Fachqualifikationen
HK-7	Ausbildungsniveau
HK-8	Demographische Struktur
SK-1	Verfügbare Büroflächen, Preise
SK-2	Verfügbare Wohnflächen, Preise
SK-3	Infrastruktur-, Dienstleistungseinrichtungen
SK-4	Gesundheits-, Betreuungseinrichtungen
SK-5	Bildungs-, Kultureinrichtungen
SK-6	Verfügbare Industrieflächen, Preise
SK-7	Gastronomie, Hotels, Touristik
SK-8	Sport-, Freizeiteinrichtungen
BK-1	Kooperationsbeziehungen
BK-2	Standort-Benchmarking
BK-3	Cluster-, Branchenbeziehungen
BK-4	Kongresse, Messen, Tagungen, Internet
BK-5	Beziehungen zwischen Wirtschaft und Wissenschaft
BK-6	Fernstraßen-, Schienen-Anbindung
BK-7	Wasserstraßen-Anbindung
BK-8	Flughafen-Anbindung

Bewertungen variieren mit Blickwinkel des Betrachters: mit der Bewertung der Standortfaktoren taucht man tief, teilweise bis unter die Oberfläche in das Standortgeschehen hinein. Dabei gibt es keinen Fixpunkt, an dem man alles festzurren könnte.

Vielmehr können sich Bewertungsergebnisse sowohl mit dem Standort und Blickwinkel des Betrachters als auch mit dem Betrachter selbst verändern. Je nachdem, wer auf einen Standortfaktor schaut und von wo aus jemand auf einen Standortfaktor schaut, kann dieser in einem anderen Licht erscheinen. Je mehr und intensiver man sich mit Bewertungsfragen beschäftigt, umso mehr wird man zu der Auffassung gelangen, dass es nur schwer möglich ist, den unterschiedlichen Aspekten und Facetten eines Standortfaktors mit nur einer einzigen Bewertungszahl bzw. -dimension gerecht zu werden. Um der Komplexität von Standortfaktoren zumindest ansatzweise entsprechen zu können, sollte man sich auch mit der Bewertung einem möglichst wirklichkeitsgetreuen Bild von verschiedenen Seiten her zu nähern versuchen. Beispielsweise besteht von der reinen Ablauforganisation her die Möglichkeit, eigene Meinungen und Bewertungen durch das Einholen von Zweit- und Dritt-Meinungen abzusichern. Im Bereich der Wirtschaft verfolgt man u.a. im Rahmen von Konkurrenzanalysen die Gegenüberstellung von Eigenbild- und Fremdbildanalysen.

Orientierung an Fachbereichen der Kommunalverwaltung: manche Standortverantwortliche versuchen die Problematik von Standortbewertungen durch Auftragsvergabe an mehr oder weniger unabhängige Beratungsfirmen zu umgehen. Obwohl dies Zeit und Arbeit spart und vielleicht auch von unerwünschter Verantwortung entlasten mag, spricht vieles dafür, den Ausgangspunkt für eine Bewertung zunächst innerhalb der für den Standort zuständigen Kommunalverwaltung anzusiedeln. Denn hier liegt ein für den Standort wesentliches Macht- und Entscheidungszentrum. Für die Kompetenz der Entscheidungsträger kann es nur von Vorteil sein, wenn diese sich zuvor selbst und in eigener Sache mit wichtigen Kriterien und Merkmalen von Standortfaktoren auseinandergesetzt haben. Folgt man diesem Argument, könnte seitens Wirtschaftsförderung und Standortmarketing jeder der identifizierten Standortfaktoren der hierfür mit Priorität zuständige Fachbereich der Kommunalverwaltung zugeordnet werden. Vielleicht gibt es auch bereits innerhalb der Verwaltungsorganisation direkte Verantwortlichkeiten für bestimmte Standortfaktoren. Nach Abstimmung dieser Zuordnung könnte dann jeder Fachbereich die Bewertung „seiner" Standortfaktoren übernahmen. Die Zusammenführung der Bewertungsdaten könnte anschließend von der als Koordinationsstelle wirkenden Wirtschaftsförderung/Standortmarketing übernommen werden. Eine zur Absicherung vorteilhafte Gegenüberstellung von Eigenbild- und Fremdbildanalyse könnte ohne die Hinzuziehung von Außenstehenden zunächst auch verwaltungsintern auf dem kleinen Dienstweg erreicht werden. D.h. unter Koordination von Wirtschaftsförderung/und Standortmarketing könnte so etwas wie eine Überkreuz-Bewertung organisiert werden. D.h. die einzelnen Fachbereiche würden nun nicht die „eigenen" Standortfaktoren im direkten Verantwortungsbereich, sondern „fremde" Standortfaktoren der Kollegen anderer Fach- und Verantwortungsbereiche bewerten.

Einbeziehung ortsansässiger Firmen: noch effektiver dürfte die Einbindung ortsansässiger Unternehmen in den Bewertungsprozess sein. Hierbei könnte eine gut durchdachte und sorgfältig vorbereitete Aktion zu einem für alle Seiten nützlichen „dooropener" werden. Standortfragen zählen zu den speziell auf der Chef-Etage häufig diskutierten Themen. Was also liegt näher, als die Bewertung von Standortfaktoren dafür zu nutzen, um die oft nur lockeren Drähte zwischen Verwaltung und Gewerbesteuerzahler einmal auf dieser sachbezogenen Ebene nachzuspannen. Diese Aufgabe lässt sich nicht oder kaum an Berater von außen übertragen. Auch würde man dann den Vorteil kurzer, vielleicht erst mühsam hergestellter Entscheidungswege wieder aus der Hand geben. Desweiteren würde die Einbeziehung der ortsansässigen Unternehmen für die Kommunalverwaltung eine ausgezeichnete Möglichkeit eröffnen, sich auf direktem Weg ein ungeschminktes Meinungsbild wichtiger Meinungsmacher und Meinungsmultiplikatoren des Stand-ortes zu verschaffen. Die Praxis des immer offener ausgetragenen Standortwettbewerbs macht deutlich, wie unbezahlbar frühzeitig und ungefiltert erlangte Informationen sein können. Im direkten Kontakt und gemeinsam erarbeitete Bewertungen von Standortfaktoren, die alle angehen, könnten nicht zuletzt auch als Ventil gegen ansonsten oft über lange Zeit aufgestaute Unzufriedenheiten wirken.

Meinung von außenstehenden Dritten einholen: obwohl in der Kommunalpraxis wohl eher umgekehrt kämen diesem Gedankengang folgend Bewertungen von außen durch Dritte erst ergänzend und/oder anschließend hinzu. Bewertungen der Standortfaktoren von außenstehenden Dritten sind in jedem Fall interessant.

Einer der wesentlichen Vorteile ist in der Unabhängigkeit (meistens) und auch Interessenunabhängigkeit (teilweise) zu sehen. Jedoch gilt es dabei zu berücksichtigen, dass der Natur der Sache nach oft der Einblick in wichtige Interna des Standortes fehlt und zu vielen Aspekten von Standortfaktoren zunächst ein zeitaufwendiger Informationsprozess vorgeschaltet werden muss. Außenstehende werden in der Regel genau überlegen, ob und bis zu welchem Umfang sie bereit sind, die für sie nicht zu unterschätzenden Zeit- und Kosteninvestitionen zu tragen. Viele solcher Studien aus den Außenbereichen von Standorten zeigen, dass hierbei nur ein ganz bestimmter Standortfaktor (beispielsweise ein günstiges Grundstück, eine interessante Immobilie u.a.) im Mittelpunkt des Interesses steht und der Standort als Ganzes zumindest auf kurze Frist gesehen zunächst als eher noch zu vernachlässigende Größe angesehen wird. Ampel-Grundprinzip: als Anhaltspunkt könnte man beispielsweise von folgenden Bewertungsstufen ausgehen:

30 %	Die Quantität/Qualität/Systematik des Standortfaktors ist teilweise ausreichend
60 %	Die Quantität/Qualität/Systematik des Standortfaktors ist meistens ausreichend
90 %	Die Quantität/Qualität/Systematik des Standortfaktors ist immer (absolut) ausreichend
120 %	Die Quantität/Qualität/Systematik des Standortfaktors ist besser oder höher als erforderlich.

Diese Stufen können dann für die Auswertungen der Bewertungsergebnisse für Standortfaktoren in Ampel-Diagramme umgesetzt werden. Mit dieser Darstellung soll eine möglichst gute Übersichtlichkeit hergestellt werden.

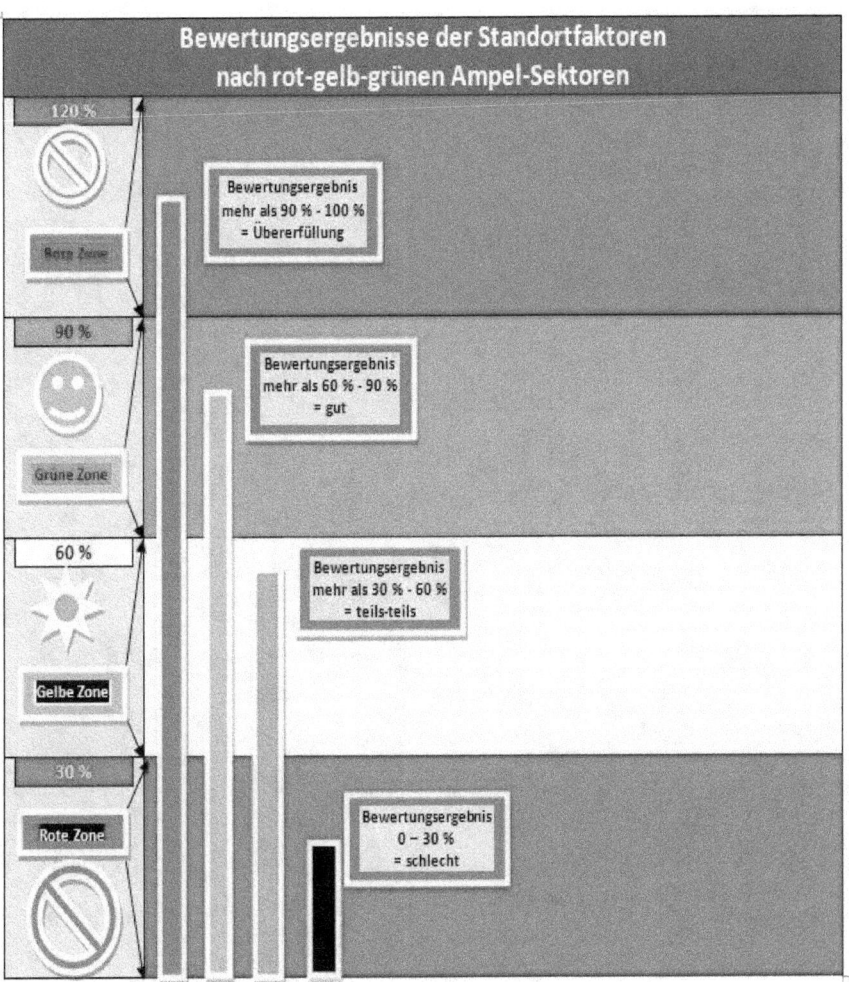

Bereits auf einen ersten Blick soll für den Betrachter sichtbar gemacht werden, was von einem bestimmten Standortfaktor zu halten wäre. Eine computergestützte Ampel-Auswertung könnte beispielsweise nach folgendem Muster geschaltet werden: 0 – 30 % = roter Bereich, größer 30 % - 60 % = gelber Bereich, größer 60 % - 90 oder 100 % = grüner Bereich, darüber liegend = roter Bereich.

Flächenkreislaufwirtschaft Rahmenbedingungen

Flächenpotenziale im Bestand: unterschiedliche Problemlagen – Anreizkriterien und politische Entscheidungsträger. „Die Flächenkreislaufwirtschaft hat vorrangig und systematisch die Ausschöpfung aller bestehenden Flächenpotenziale im Bestand zum Ziel und lässt nur unter bestimmten Bedingungen die Inanspruchnahme neuer –Flächen zu". Zuständigkeiten und beteiligte Akteure für Belange der Flächeninanspruchnahme: planende Verwaltungen aus Kommunen, Landesplanung, Wirtschaftsförderung, Industrie- und Handelskammern, Immobilienwirtschaft, Haus- und Grundbesitzerverein, Wohnungsgesellschaft, Landwirtschaftsverwaltung/ -kammer/ Bauernverband, Wissenschaft, Projektentwickler und –finanzierer, Naturschutz- und Umweltverbände, Großflächeneigentümer, Regionalplanung/-verbände, Gender-Beauftragte. Der Bund ist mit seinen Bauvorhaben (Bundesverkehrswege) nur marginal direkt an der Flächeninanspruchnahme und Umstrukturierungsprozessen (Konversionsflächen von Militär, Bahn, Post) beteiligt: Akteure sind hauptsächlich die Kommunen. Kriterien für unterschiedliche Problemlagen und Rahmenbedingungen von Entwicklungen der Flächeninanspruchnahme: Lage im Raum, Regionstyp, Größe der Stadt/ Stadtregion, Entwicklungsdynamik, Problemlagen der städtischen/ stadtregionalen Flächennutzung, Formen institutioneller Arrangements in der Region, Ideen, Konzept und Ansätze für informelle Planungen im Sinne eines stadtregionalen Flächenmanagements, Datenlage. Es ist zu unterscheiden zwischen Regionen mit Bevölkerungszuwachs und

Investitionsdruck, Regionen mit gleichbleibender Bevölkerungszahl (marginale Zuwächse und Rückgange), Regionen mit massivem Bevölkerungsrückgang.

Prosperierende Regionen: die noch vorhandenen Flächen optimal nutzen, wobei der Schutz der verbliebenen Freiflächen und Handlungsspielräume im Vordergrund steht. Stagnierende Regionen: strukturelle Wechsel gestalten, wobei die Innenentwicklung im Vordergrund steht. Und eine zukünftige Schrumpfung vorbereiten. Die Anreizsituation der Kommunen ihre Flächeninanspruchnahme einzuschränken ist gekennzeichnet durch Aspekte wie: Finanzierung der kommunalen Haushalte, Schaffung und Erhalt von Arbeitsplätzen, Infrastrukturauslastung, interkommunale Konkurrenz, persönliche Bedürfnisse der Wählerinnen und Wähler. Alle diese Aspekte sind (wenn auch in unterschiedlichem Maß) entscheidet für die Wiederwahlchancen der politischen Entscheidungsträger. Beispiel-Bewertungsbogen Prozessfaktoren:

Beispiel-Bewertungsbogen für Standortfaktor GP-5		
Eigenbewertung durch Fachbereich, Dezernat u.a. der Kommunalverwaltung	Bewertung durch am Standort ansässige Unternehmen (z.B. im Rahmen von Aktivitäten der Bestandspflege)	Fremdbewertung durch Unabhängige oder Unternehmen außerhalb des Standortes (z.B. im Rahmen von Aktivitäten der Akquisition von Ansiedlern)
X	☐	☐

Cluster:	Einzelfaktor:
Prozessfaktoren	Wirtschaftsförderung Bestandspflege
Kurzbeschreibung:	Kurzbeschreibung:
Geschäftsprozesse bilden die wesentlichen Themengebiete zur Wirtschaftsentwicklung des Standortes ab. Es sollen die für den Standort wichtigen, d.h. wertschöpfenden Kernprozesse analysiert werden.	Förderung und Festigung bestehender „Kundenbeziehungen" (Customer Relation Management CRM), Pflege ansässiger Betriebe aus Industrie, Handel, Dienstleistung. Die örtliche Zielgruppe von Unternehmen wird besonders mit der Zielsetzung „Kundenbindung" angesprochen. Man kümmert sich um die, die hier sind.

Merkmal Quantität	Merkmal Qualität	Merkmal Systematik
hierbei steht die rein mengenmäßige Betrachtung und Verfügbarkeit des Standortfaktors im Vordergrund.	Mengenmäßig dene Standortf können in eine oder schlechte nem gut oder w brauchbaren b geeigneten Zus sein.	Während bei der Bewertung von Quantität und Qualität der augenblickliche Zu-stand und Status im Vordergrund steht, kommen mit der Dimension Systematik noch zusätzlich die Zukunft und das Potential ei-nes Standortfaktors hinzu.

Bewertungsstufen	
0 %	Die Quantität/Qualität/Systematik des Standortfaktors kann nicht sinnvoll ermittelt werden oder ist nicht ausreichend vorhanden.
größer 0 % bis kleiner o. gleich 30 %	Die Quantität/Qualität/Systematik des Standortfaktors ist teilweise ausreichend
größer 30 % bis kleiner o. gleich 60 %	Die Quantität/Qualität/Systematik des Standortfaktors ist meistens ausreichend
größer 60 % bis kleiner o. gleich 90 %	Die Quantität/Qualität/Systematik des Standortfaktors ist immer (absolut) ausreichend
größer 90 % bis kleiner oder gleich 120 %	Die Quantität/Qualität/Systematik des Standortfaktors ist besser oder höher als erforderlich.

Bewertungsdimension		
Dimension	Bewertung 0 – 120 %	Erläuterung, Begründung
Quantität	30 %	Befasst sich die Wirtschaftsförderung des Standortes überhaupt und wenn ja, in ausreichendem Umfang mit der Bestandspflege der ortsansässigen Firmen? Gehört die Wirtschaftsförderung des Standortes zu den ersten, die von Veränderungen erfahren? Zwar wird man Abwanderungen niemals ganz vermeiden können, kann aber durch optimierte Vernetzungen in die Unternehmen hinein frühzeitig von geplanten Standortänderungen erfahren.
Qualität	20 %	Im Rahmen der Bestandspflege muss die Wirtschaftsförderung sehr stark kommunikativ arbeiten. Man muss denjenigen, die hier sind, seitens der Standortverantwortlichen das Gefühl geben, das man sich um sie kümmert. Wird die örtliche Wirtschaft im Rahmen der kommunalen Internetpräsenz (z.B. werbemäßig) unterstützt? Wird ein virtueller Marktplatz genutzt, um allen örtlichen Unternehmen bei Bedarf eine Basisdarstellung zu ermöglichen? Werden Unternehmen mit eigener Internet-Präsenz durch Links in den Internetauftritt des Standortes eingebunden?
Systematik	20 %	Voraussetzung ist, dass die Wirtschaftsförderung mit den kommunalen Verwaltungsstellen und der Wirtschaft am Standort möglichst tief und dicht vernetzt ist. Wird ein Gewerbemonitor durchgeführt, um in regelmäßigen Abständen die Standortzufriedenheit und Loyalität der ortsansässigen Firmen zu ermitteln? Wird ein entsprechendes Instrumentarium mit dem Ziel entwickelt, das es den Standortverantwortlichen ermöglicht, frühzeitig auf die Bedürfnisse der örtlichen Unternehmen zu reagieren?
Grafik		Bewertung Prozessfaktor Bestandspflege (Balkendiagramm: Quantität, Qualität, Systematik)
Summary		Die Bestandspflege von bereits ansässigen Firmen ist genauso wichtig wie Neuansiedlungen (wenn nicht sogar noch wichtiger).

Prozessfaktoren-Ampel nach Quantität, Qualität, Systematik: für die Demonstration der nachfolgenden Ampel-Darstellungen werden folgende (fiktive) Bewertungszahlen zugrunde gelegt:

Prozessfaktor Nr.	Bewertung Quantität	Bewertung Qualität	Bewertung Systematik
GP-1	20%	15%	5%
GP-2	25%	10%	5%
GP-3	70%	55%	20%
GP-4	40%	30%	20%
GP-5	30%	20%	20%
GP-6	75%	80%	85%
GP-7	85%	80%	70%
GP-8	90%		85%

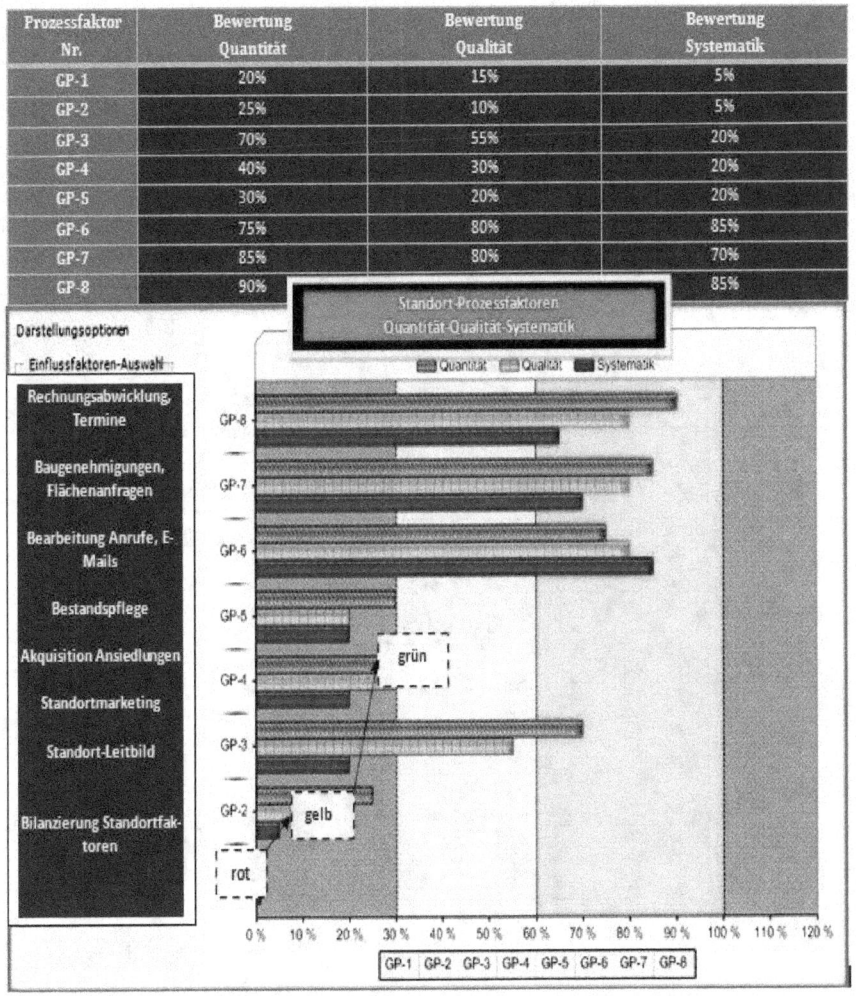

Die obige Graphik ist eine Übersichts-Darstellung der Standort-Prozessfaktoren gemeinsam für die drei Dimensionen Quantität, Qualität und Systematik. In jedem 3-er-Balkenbündel zeigt der obere Balken die Quantität, der mittlere Balken die Qualität und der untere Balken die Systematik des jeweiligen Standort-Prozessfaktors an. Die Reichweite der Bewertungsbalken umfasst einen Bereich von 0 – 120 % und ist jeweils in rote, gelbe und grüne Ampel-Bereiche unterteilt. D.h. auf einen Blick wird ersichtlich, bei welchem der Standortfaktoren die Ampel auf rot oder gelb, d.h. Achtung! steht.

Quantität-Ampel Prozessfaktoren:

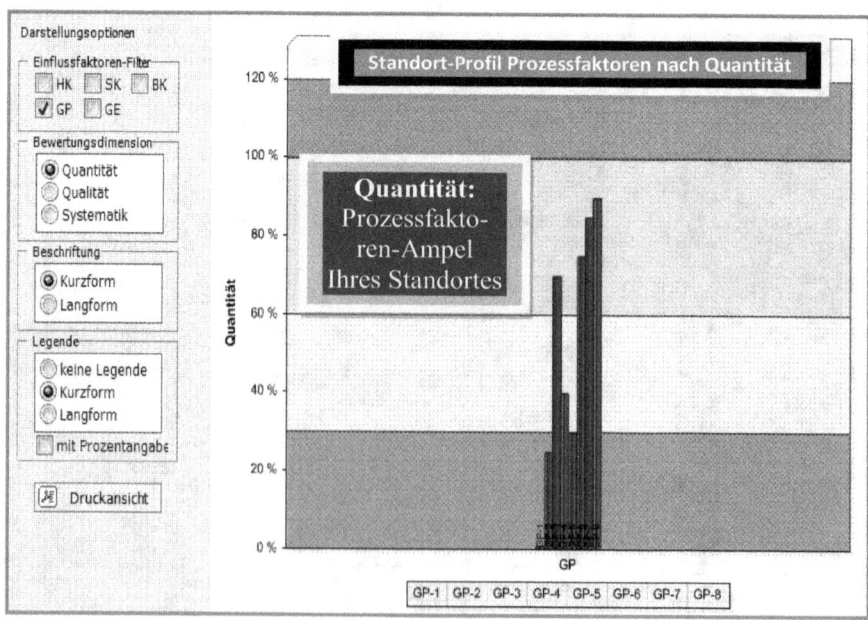

In der obigen Graphik wird das Standort-Profil der Prozessfaktoren weiter nach den unterschiedlichen Dimensionen, hier der Quantität, aufgerastert. Die Ampel-Anzeigen erfolgen mit rot, gelb, grün in der graphischen Darstellung von unten nach oben gesehen. Sollte eine Balkenlänge bis in den noch darüber liegenden Bereich von 100 – 120 % hineinreichen, so würde damit für diesen betreffenden Standortfaktor die Möglichkeit einer Übererfüllung angezeigt. Das Balkenbündel der Prozessfaktoren bezieht sich ausschließlich auf Merkmale der Quantität und Verfügbarkeit. Die einzelnen Prozessfaktoren GP-1 bis GP-8 werden in der Graphik als Balken von links nach rechts hin dargestellt.

Qualität-Ampel Prozessfaktoren:

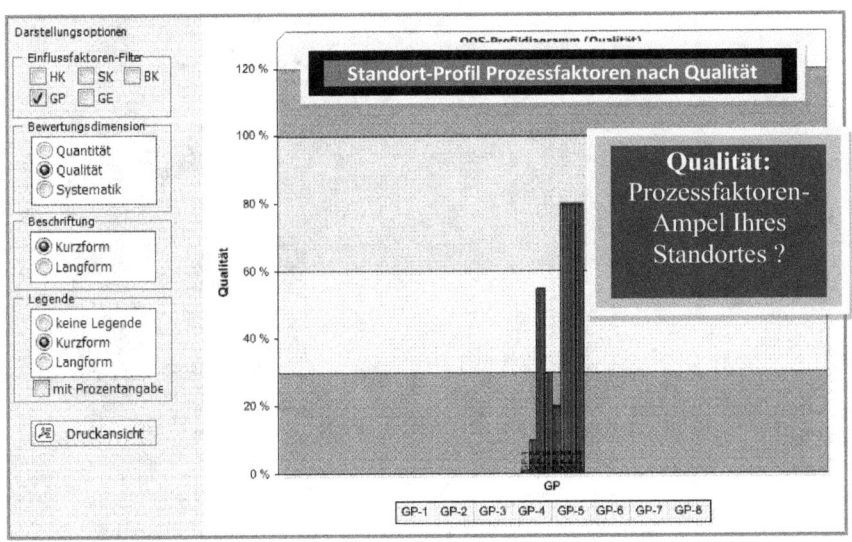

In der obigen Graphik wird das Standort-Profil der Prozessfaktoren weiter nach den unterschiedlichen Dimensionen, hier der Qualität, gerastert. Die Ampel-Anzeigen erfolgen mit rot, gelb, grün in der graphischen Darstellung von unten nach oben gesehen. Sollte eine Balkenlänge bis in den noch darüber liegenden Bereich von 100 – 120 % hineinreichen, so würde damit für diesen betreffenden Standortfaktor die Möglichkeit einer Übererfüllung angezeigt. Das Balkenbündel der Prozessfaktoren bezieht sich ausschließlich auf Merkmale der Qualität. Die einzelnen Prozessfaktoren GP-1 bis GP-8 werden in der Graphik als Balken von links nach rechts hin dargestellt.

Systematik-Ampel Prozessfaktoren:

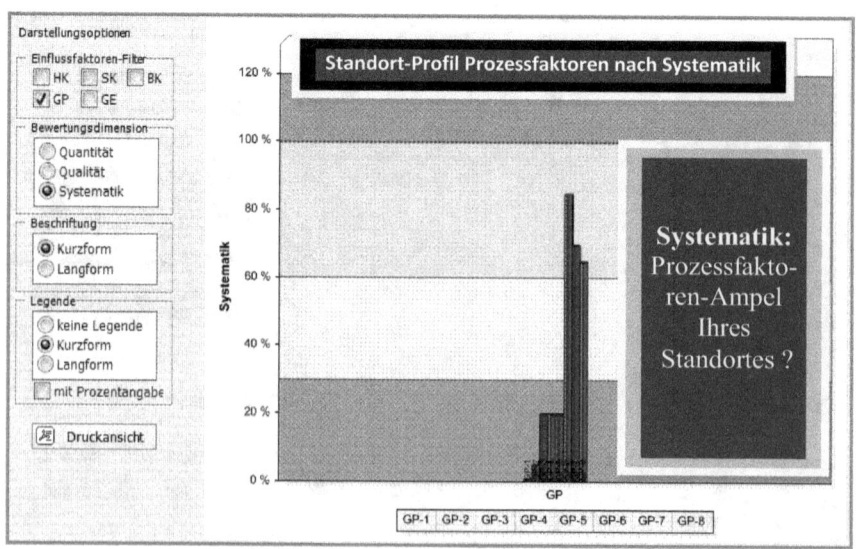

In der obigen Graphik wird das Standort-Profil der Prozessfaktoren weiter nach den unterschiedlichen Dimensionen, hier der Systematik, gerastert. Die Ampel-Anzeigen erfolgen mit rot, gelb, grün in der graphischen Darstellung von unten nach oben gesehen. Sollte eine Balkenlänge bis in den noch darüber liegenden Bereich von 100 – 120 % hineinreichen, so würde damit für diesen betreffenden Standortfaktor die Möglichkeit einer Übererfüllung angezeigt. Das Balkenbündel der Prozessfaktoren bezieht sich ausschließlich auf Merkmale der Systematik. Die einzelnen Prozessfaktoren GP-1 bis GP-8 werden in der Graphik als Balken von links nach rechts hin dargestellt.

Prozessfaktoren-Erfüllungsgrad im gelb-rot-Bereich:

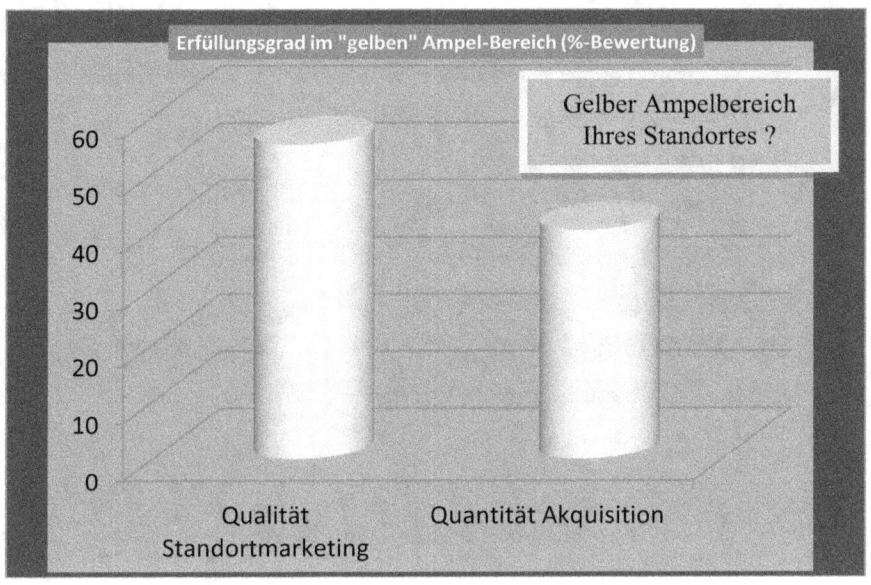

In einer weiteren graphischen Rasterstufe werden die Standort-Prozessfaktoren danach selektiert, ob sie mit ihrer jeweiligen Dimension entweder im gelben Ampel-Bereich (Graphik zuvor) oder im roten Ampel-Bereich (Graphik nachfolgend) liegen und damit besonders beachtet und gegebenenfalls unter die Lupe genommen werden sollten. Wie ansonsten auch, ist dies hier nur ein Demo-Beispiel mit fiktiv angenommenen Werten.

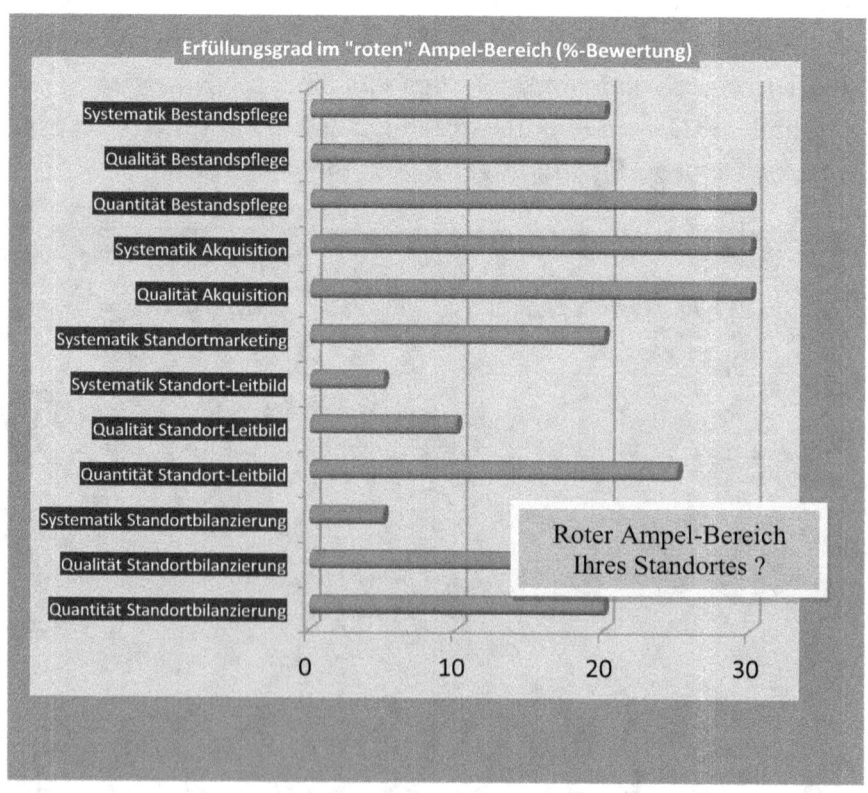

Freiheitsindex und europäisches Regelwerk

Kennzeichnung Lebensmittel – Arbeitsbestimmungen- Schulabschlüsse – Zuwanderung – Sicherheits- und Außenpolitik – Steuern und Sozialleistungen – Lebensgewohnheiten und Traditionen. Jeder Standort unterliegt einem dynamischen Wandel und Anpassungsdruck: insbesondere der richtige Umgang mit dem verfügbaren Standortkapital als Ressource wird für die Zukunft immer mehr zum entscheidenden Erfolgsfaktor. Der Erfolg von Auslandsgeschäften kann oft von scheinbaren Nebensächlichkeiten abhängen. Da es schädlich sein kann, länderspezifische Eigenarten nicht zu kennen oder nicht zu beachten kann in vielen Fällen interkulturelles Management ebenso wichtig sein wie die Qualität von Produkten. Der Zustand der politischen und individuellen Freiheit kann in einer Zahl, dem Freiheitsindex, abgebildet werden. Im Rahmen einer Untersuchung des John Stuart Mill Instituts für Freiheitsforschung (Quelle: Allensbacher Archiv) wurde nach Völkern gefragt, die den Deutschen ähnlich sind. Von den Befragten äußerten sich (2013): 96% meinten: Österreicher, 90% meinten: Schweizer, 89% meinten: Niederländer, 84% meinten: Schweden, 63% meinten: Franzosen, 59% meinten: Engländer, 41% meinten: Spanier, 25% meinten: Griechen, 18% meinten: Russen, 8% meinten: Japaner, 8% meinten: Türken, 3% meinten: Chinesen, 3% meinten: Brasilianer, 1% meinten: Inder.

Die kulturellen Eigenarten des jeweiligen Landes zu kennen beginnt bei der Begrüßung und geht bis zu Tabubereichen, die beim Kontakt mit ausländischen Geschäftspartnern zu beachten sind. So gibt es in jedem Land unterschiedliche Lebensgewohnheiten und Traditionen, die auch für das Geschäftsleben von Bedeutung sind. Im Rahmen dieser Untersuchung des John Stuart Mill Instituts für Freiheitsforschung (Quelle: Allensbacher Archiv) wurde weiter danach gefragt, was vor allem auf europäischer Ebene geregelt werden sollte: dass gentechnisch veränderte Lebensmittel gekennzeichnet werden müssen, meinen 83%. Wie viele Schulden ein EU-Mitglied machen darf, meinen 76%. Außen- und Sicherheitspolitik, meinen 76%. Welche Zusatzstoffe in Lebensmitteln enthalten sein dürfen, meinen 75%. Arbeitsschutzbestimmungen, Arbeitszeiten, Sicherheit am Arbeitsplatz, meinen 57%. Welche Abschlüsse an Schulen und Hochschulen vergeben werden, meinen 56%. Ob sich Großunternehmen zusammenschließen dürfen, meinen 48%. Zuwanderung, Zuzug von Ausländern, meinen 47%. Für welche Unternehmen es staatliche Zuschüsse geben darf, meinen 38%. Höhe der Steuern und Abgaben, meinen 38%. Wer wie viel Anspruch auf Sozialleistungen hat, meinen 31%. Welche Werbung zulässig ist, meinen 29%.

Greift der Standort auch auf Fremdeinschätzungen zurück, so wird er quasi automatisch gezwungen, sich nicht ständig immer nur von innen, sondern verstärkt durch die Brille des Marktes (von potenziellen Ansiedlern, Investoren, Existenzgründern u.a.) zu betrachten. Die an Entscheidungsprozessen beteiligten Akteure des Standortes gewinnen damit Kernindikatoren und Maßstäbe, die ihnen wertvolle Hinweise liefern können, was intern zu machen ist, um den Erwartungen des Marktes zu genügen.

Beispiel-Bewertungsbogen Erfolgsfaktoren:

Bewertungsbogen für Standortfaktor GE-1		
Eigenbewertung durch Fachbereich, Dezernat u.a.	Bewertung durch am Standort ansässige Unternehmen	Fremdbewertung durch Unabhängige
X		
Cluster:	**Einzelfaktor:**	
Erfolgsfaktoren	Existenzgründungen, Förderungen	
Kurzbeschreibung:	**Kurzbeschreibung:**	
Weiterführend zur Definition und Beschreibung der Kernprozesse des Standortes müssen die Faktoren identifiziert und beschrieben werden, mit denen diese Prozesse letztendlich zum Erfolg geführt werden können. Daraus folgt: Die Erfolgsfaktoren des Standortes leiten sich von den zuvor definierten Kernprozessen ab. Wer im Standortwettbewerb erfolgreich sein will, muss zuvor seine Erfolgshebel identifiziert haben und über sie genauestens Bescheid wissen.	Die Entwicklung von Existenzgründungen ist ein wichtiger Indikator für die wirtschaftliche Entwicklung eines Standortes. Es geht darum, die Qualität von Gründungen zu verbessern: in vielen Fällen sind Gründungen eine Flucht aus der Arbeitslosigkeit und schlecht vorbereitet. Der Standort muss ein Beratungsnetzwerk auf-/ausbauen. Wenn in einem Partnernetzwerk die wichtigsten Akteure des Gründungsprozesses, also Kammern, kommunale Spitzenverbände, Verbände des Mittelstandes, der Versicherungen und der Kreditinstitute kooperieren, können von dem daraus zu erwartenden quantitativen und qualitativen Anstieg der Unternehmensgründungen der gesamte Standort und eine ganze Region davon profitieren.	

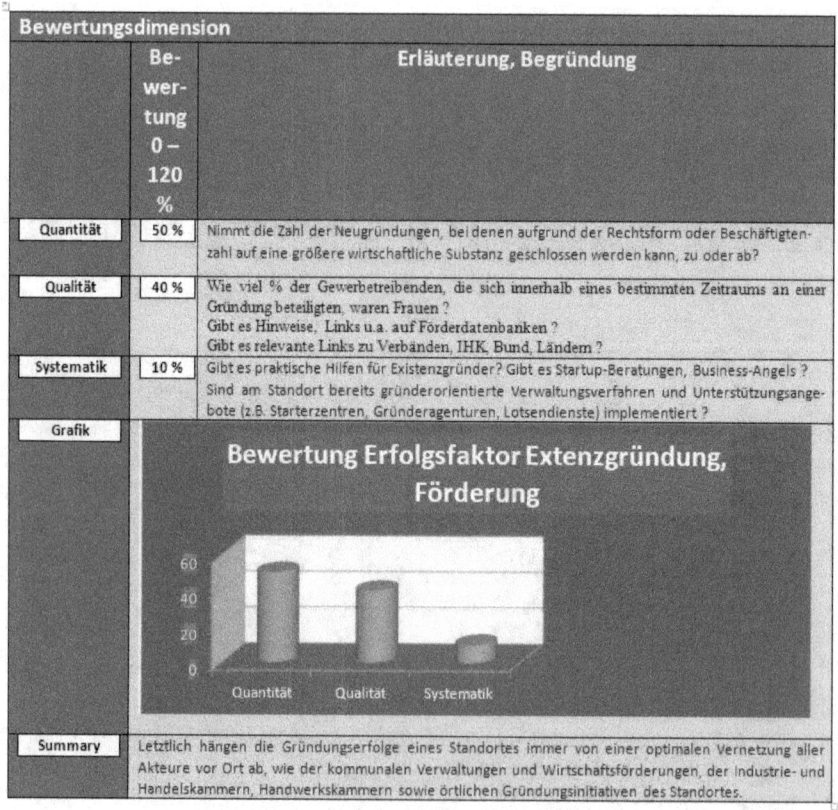

Erfolgsfaktoren-Ampel nach Quantität, Qualität, Systematik: für die Demonstration der nachfolgenden Ampel- und Portfolio-Darstellungen werden die nackten (fiktiven) Bewertungszahlen ohne Hintergründe, Begründungen, Kommentierungen zugrunde gelegt:

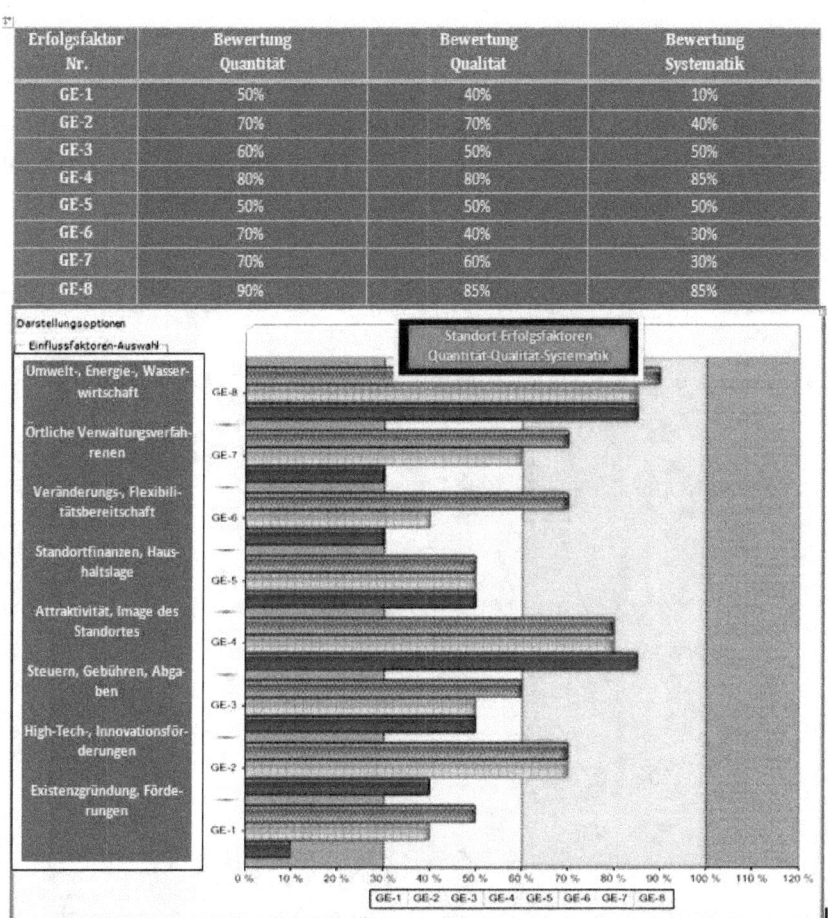

Die obige Graphik ist eine Übersichts-Darstellung der *Standort-Erfolgsfaktoren* gemeinsam für die *drei Dimensionen Quantität, Qualität und Systematik*. In jedem 3-er-Balkenbündel zeigt der obere Balken die Quantität, der mittlere Balken die Qualität und der untere Balken die Systematik des jeweiligen Standort-

Erfolgsfaktors an. Die Reichweite der Bewertungsbalken umfasst einen Bereich von 0 – 120 % und ist jeweils in rote, gelbe und grüne Ampel-Bereiche unterteilt. D.h. auf einen Blick wird ersichtlich, bei welchem der Standortfaktoren die Ampel auf rot oder gelb, d.h. Achtung! steht.

Quantität-Ampel Erfolgsfaktoren:

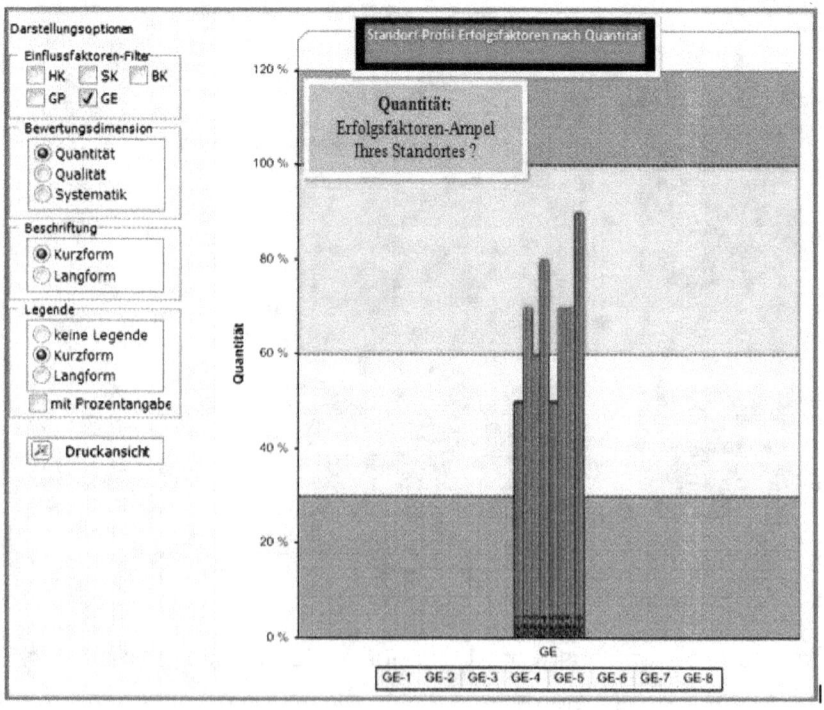

In der obigen Graphik wird das *Standort-Profil der Erfolgsfaktoren* weiter nach den unterschiedlichen Dimensionen, hier der

Quantität, aufgerastert. Die Ampel-Anzeigen erfolgen mit rot, gelb, grün in der graphischen Darstellung von unten nach oben gesehen. Sollte eine Balkenlänge bis in den noch darüber liegenden Bereich von 100 – 120 % hineinreichen, so würde damit für diesen betreffenden Standortfaktor die Möglichkeit einer Übererfüllung angezeigt. Das Balkenbündel der *Erfolgsfaktoren* bezieht sich ausschließlich auf Merkmale der *Quantität* und Verfügbarkeit. Die einzelnen *Erfolgsfaktoren GE-1 bis GE-8* werden in der Graphik als Balken von links nach rechts hin dargestellt.

Qualität-Ampel Erfolgsfaktoren:

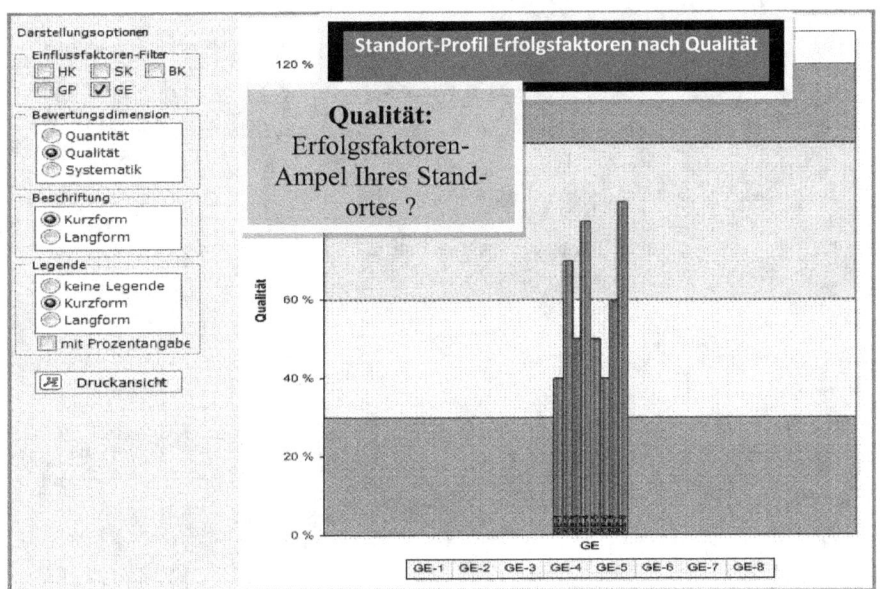

In der obigen Graphik wird das *Standort-Profil der Erfolgsfaktoren* weiter nach den unterschiedlichen Dimensionen, hier der *Qualität,* aufgerastert. Die Ampel-Anzeigen erfolgen mit rot, gelb, grün in der graphischen Darstellung von unten nach oben gesehen. Sollte eine Balkenlänge bis in den noch darüber liegenden Bereich von 100 – 120 % hineinreichen, so würde damit für diesen betreffenden Standortfaktor die Möglichkeit einer Übererfüllung angezeigt. Das Balkenbündel der *Erfolgsfaktoren* bezieht sich ausschließlich auf Merkmale der *Qualität.* Die einzelnen *Erfolgsfaktoren GE-1 bis GE-8* werden in der Graphik als Balken von links nach rechts hin dargestellt.

Systematik-Ampel Erfolgsfaktoren:

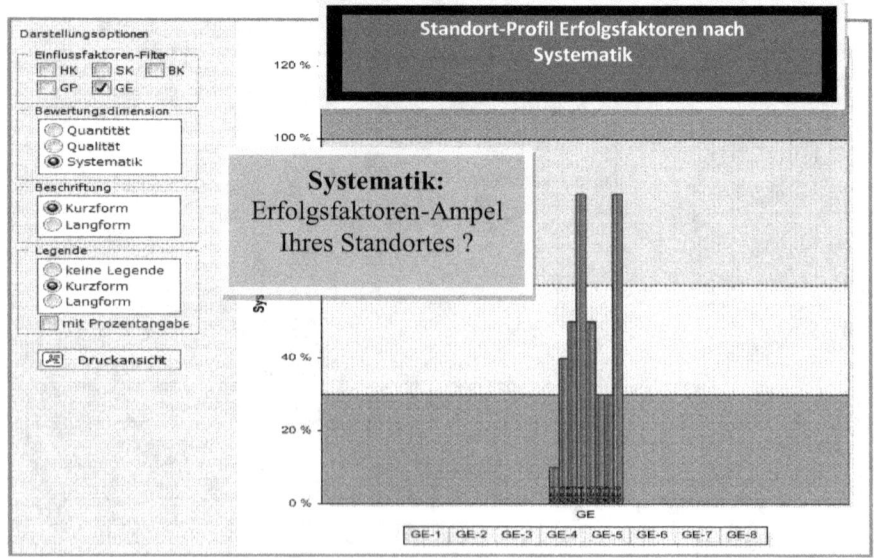

In der obigen Graphik wird das *Standort-Profil der Erfolgsfaktoren* weiter nach den unterschiedlichen Dimensionen, hier der *Systematik,* aufgerastert. Die Ampel-Anzeigen erfolgen mit rot, gelb, grün in der graphischen Darstellung von unten nach oben gesehen. Sollte eine Balkenlänge bis in den noch darüber liegenden Bereich von 100 – 120 % hineinreichen, so würde damit für diesen betreffenden Standortfaktor die Möglichkeit einer Übererfüllung angezeigt. Das Balkenbündel der *Erfolgsfaktoren* bezieht sich ausschließlich auf Merkmale der *Systematik.* Die einzelnen *Erfolgsfaktoren GE-1 bis GE-8* werden in der Graphik als Balken von links nach rechts hin dargestellt.

Erfolgsfaktoren-Erfüllungsgrad im gelb-rot Bereich:

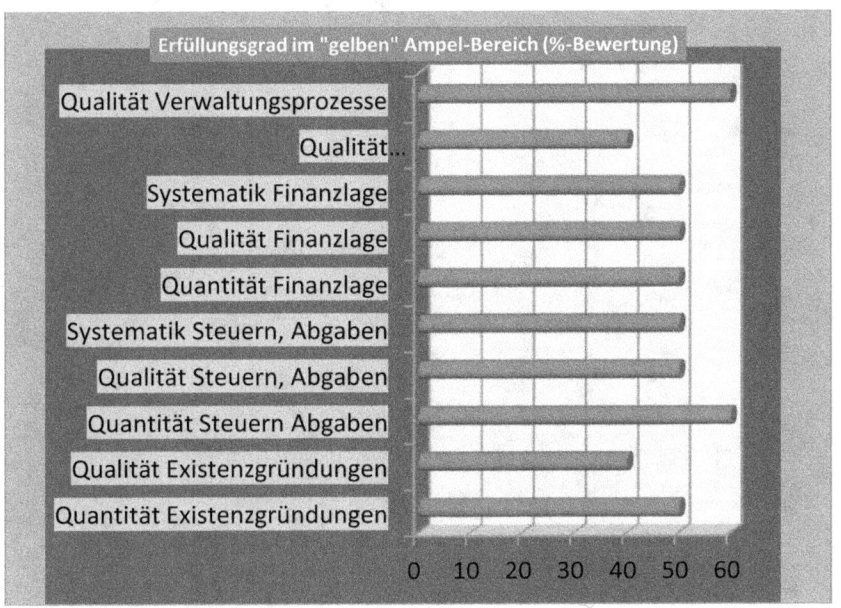

In einer weiteren graphischen Aufraster-Stufe werden die Standort-Erfolgsfaktoren danach selektiert, ob sie mit ihrer jeweiligen Dimension entweder im gelben Ampel-Bereich (Graphik zuvor) oder im roten Ampel-Bereich (Graphik nachfolgend) liegen und damit besonders beachtet und gegebenenfalls unter die Lupe genommen werden sollten. Wie ansonsten auch, ist dies hier nur ein Demo-Beispiel mit fiktiv angenommenen Werten.

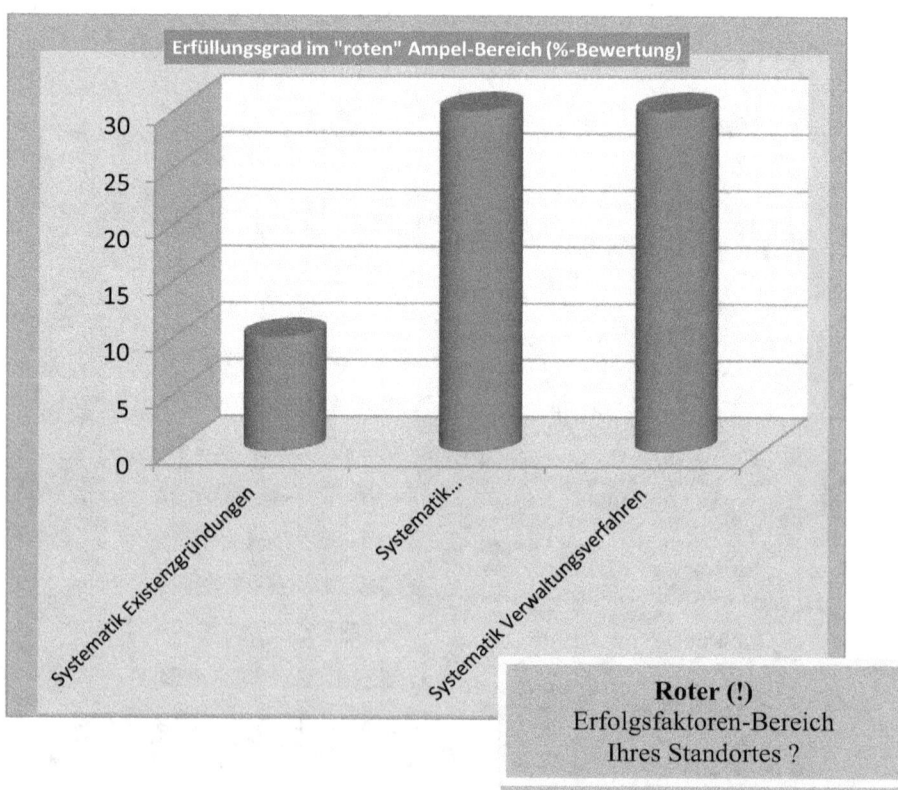

Braindrain – Auswanderer und Rückkehrer

Nach Deutschland wandert eine zunehmende Zahl von Menschen ein. Jedes Jahr wandern aber auch etwa 140.000 Menschen aus Deutschland aus (OECD-Studie). Im Bereich der OECD leben inzwischen weit über drei Millionen ausgewanderte Deutsche. Der Anteil der Höherqualifizierten an den Auswanderern hat sich in den letzten Jahren (stark) erhöht. Von den im Ausland lebenden Deutschen im Erwerbsalter haben etwa vierzig Prozent ein hohes Bildungsniveau (Studium). Das wichtigste Standortziel für deutsche Auswanderer sind die Vereinigten Staaten, mit weitem Abstand gefolgt von Großbritannien, Schweiz, Frankreich, Italien und Spanien. Den hochqualifizierten Auswanderern stehen auf der anderen Seite aber auch hochqualifizierte Rückkehrer (allerdings wohl in geringerer Zahl) gegenüber: wenn Wissenschaftler und Ingenieure nach einigen Jahren mit zusätzlicher Qualifikation und Auslandserfahrung zurückkehren, wirkt sich dieses für den Standort Deutschland wiederum positiv aus. (140.000 Auswanderern stehen etwa 115.000 Rückkehrer pro Jahr gegenüber). Während für auswandernde Wissenschaftlicher besonders häufig Karriereziele im Vordergrund stehen, geht es für Rückkehrer oft mehr um persönliche und familiäre Motive.

Humanfaktoren-Ampel nach Quantität, Qualität und Systematik: für die Demonstration der nachfolgenden Ampel- und Portfolio-Darstellungen werden die nackten (fiktiven) Bewertungszahlen ohne Hintergründe, Begründungen, Kommentierungen zugrunde gelegt:

Humanfaktor Nr.	Bewertung Quantität	Bewertung Qualität	Bewertung Systematik
HK-1	60%	70%	50%
HK-2	95%	95%	90%
HK-3	50%	95%	95%
HK-4	80%	85%	50%
HK-5	40%	30%	60%
HK-6	75%	70%	90%
HK-7	85%	2%	20%
HK-8	95%	85%	85%

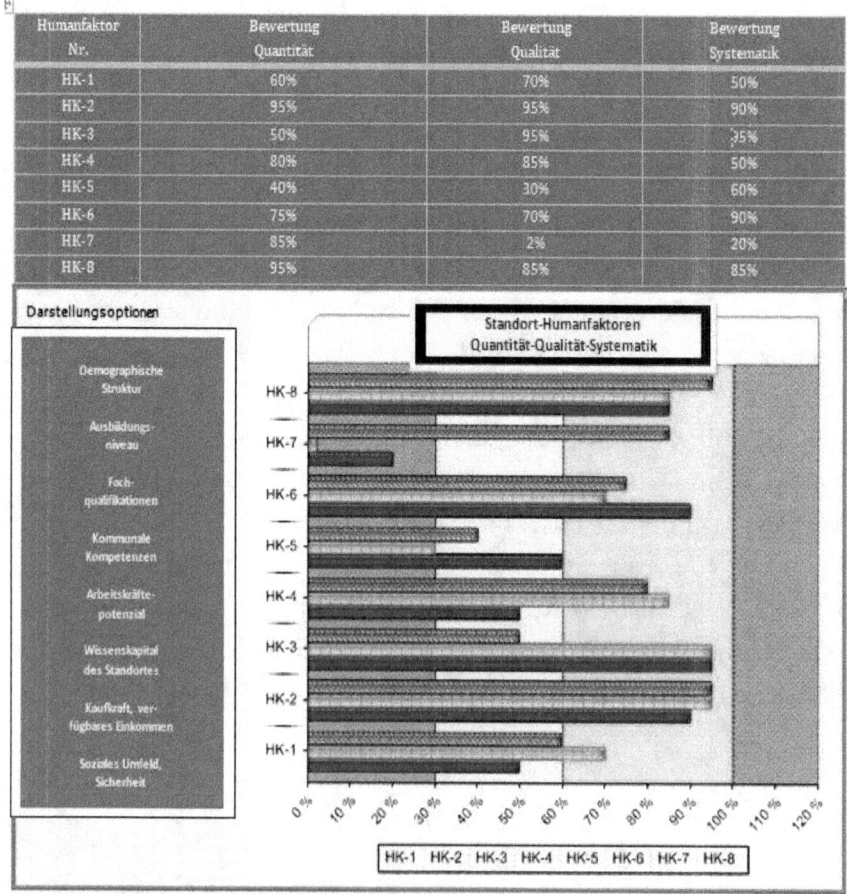

Die obige Graphik ist eine Übersichts-Darstellung der *Standort-Humanfaktoren* gemeinsam für die *drei Dimensionen Quantität, Qualität und Systematik*. In jedem 3-er-Balkenbündel zeigt der obere Balken die Quantität, der mittlere Balken die Qualität und der untere Balken die Systematik des jeweiligen Standort-Humanfaktors an. Die Reichweite der Bewertungsbalken umfasst einen Bereich von 0 – 120 % und ist jeweils in rote, gelbe und grüne Ampel-Bereiche unterteilt. D.h. auf einen Blick wird ersichtlich, bei welchem der Standortfaktoren die Ampel auf rot oder gelb, d.h. Achtung! steht.

Quantität-Ampel Humanfaktoren:

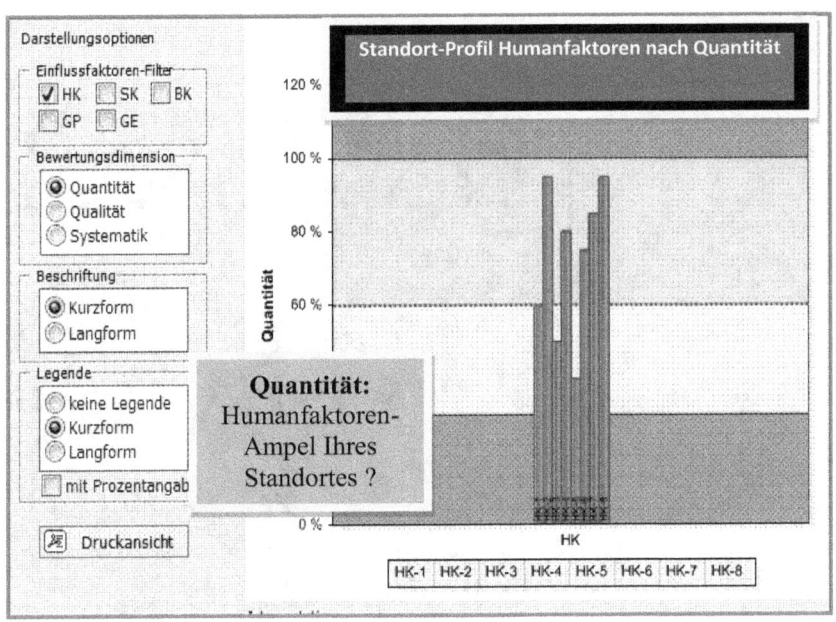

In der obigen Graphik wird das *Standort-Profil der Humanfaktoren* weiter nach den unterschiedlichen Dimensionen, hier der *Quantität,* aufgerastert. Die Ampel-Anzeigen erfolgen mit rot, gelb, grün in der graphischen Darstellung von unten nach oben gesehen. Sollte eine Balkenlänge bis in den noch darüber liegenden Bereich von 100 – 120 % hineinreichen, so würde damit für diesen betreffenden Standortfaktor die Möglichkeit einer Übererfüllung angezeigt. Das Balkenbündel der *Humanfaktoren* bezieht sich ausschließlich auf Merkmale der *Quantität* und Verfügbarkeit. Die einzelnen *Humanfaktoren HK-1 bis HK-8* werden in der Graphik als Balken von links nach rechts hin dargestellt.

Qualität-Ampel Humanfaktoren:

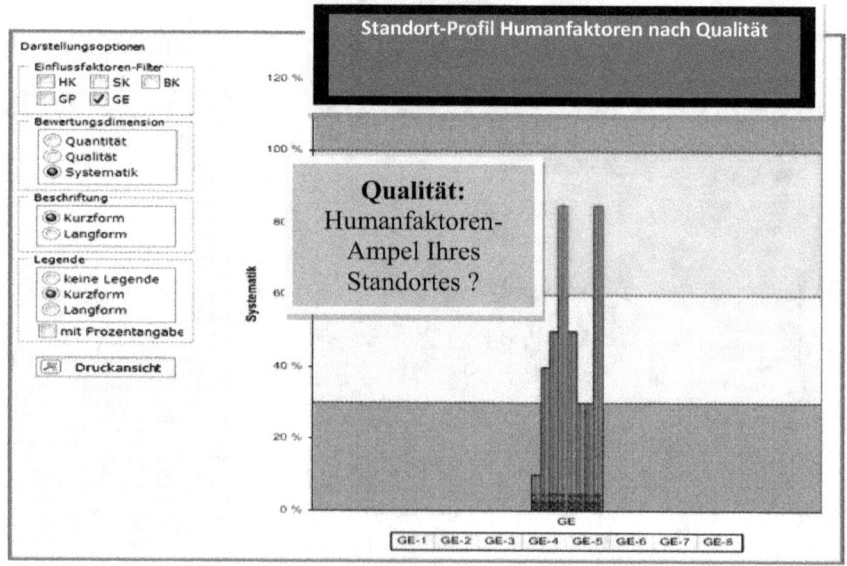

In der obigen Graphik wird das *Standort-Profil der Humanfaktoren* weiter nach den unterschiedlichen Dimensionen, hier der *Qualität,* aufgerastert. Die Ampel-Anzeigen erfolgen mit rot, gelb, grün in der graphischen Darstellung von unten nach oben gesehen. Sollte eine Balkenlänge bis in den noch darüber liegenden Bereich von 100 – 120 % hineinreichen, so würde damit für diesen betreffenden Standortfaktor die Möglichkeit einer Übererfüllung angezeigt. Das Balkenbündel der *Humanfaktoren* bezieht sich ausschließlich auf Merkmale der *Qualität*. Die einzelnen *Humanfaktoren HK-1 bis HK-8* werden in der Graphik als Balken von links nach rechts hin dargestellt.

Systematik-Ampel Humanfaktoren:

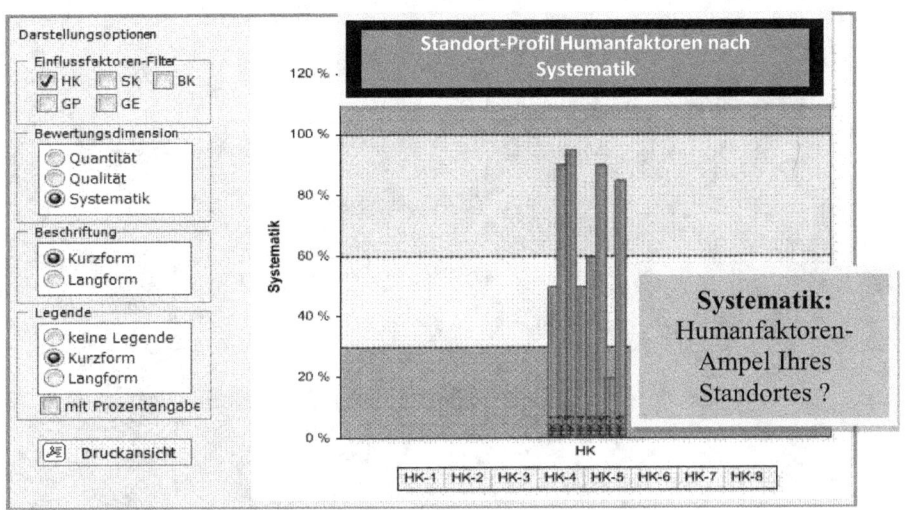

In der obigen Graphik wird das *Standort-Profil der Humanfaktoren* weiter nach den unterschiedlichen Dimensionen, hier der *Systematik,* aufgerastert. Die Ampel-Anzeigen erfolgen mit rot, gelb, grün in der graphischen Darstellung von unten nach oben gesehen. Sollte eine Balkenlänge bis in den noch darüber liegenden Bereich von 100 – 120 % hineinreichen, so würde damit für diesen betreffenden Standortfaktor die Möglichkeit einer Übererfüllung angezeigt. Das Balkenbündel der *Humanfaktoren* bezieht sich ausschließlich auf Merkmale der *Systematik.* Die einzelnen *Humanfaktoren HK-1 bis HK-8* werden in der Graphik als Balken von links nach rechts hin dargestellt.
Humanfaktoren-Erfüllungsgrad im gelb-rot-Bereich:

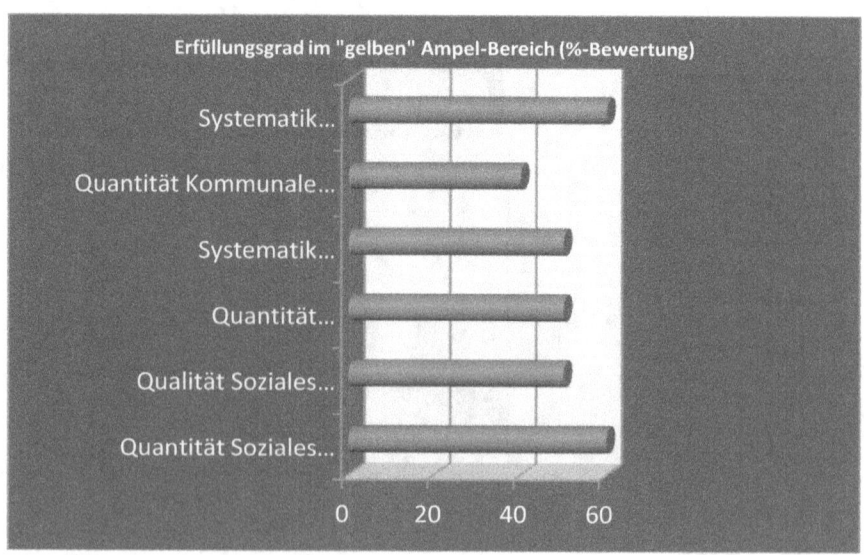

In einer weiteren graphischen Aufraster-Stufe werden die Standort-Humanfaktoren danach selektiert, ob sie mit ihrer jeweiligen Dimension entweder im gelben Ampel-Bereich (Graphik zuvor) oder im roten Ampel-Bereich (Graphik nachfolgend) liegen und damit besonders beachtet und gegebenenfalls unter die Lupe genommen werden sollten. Wie ansonsten auch, ist dies hier nur ein Demo-Beispiel mit fiktiv angenommenen Werten.

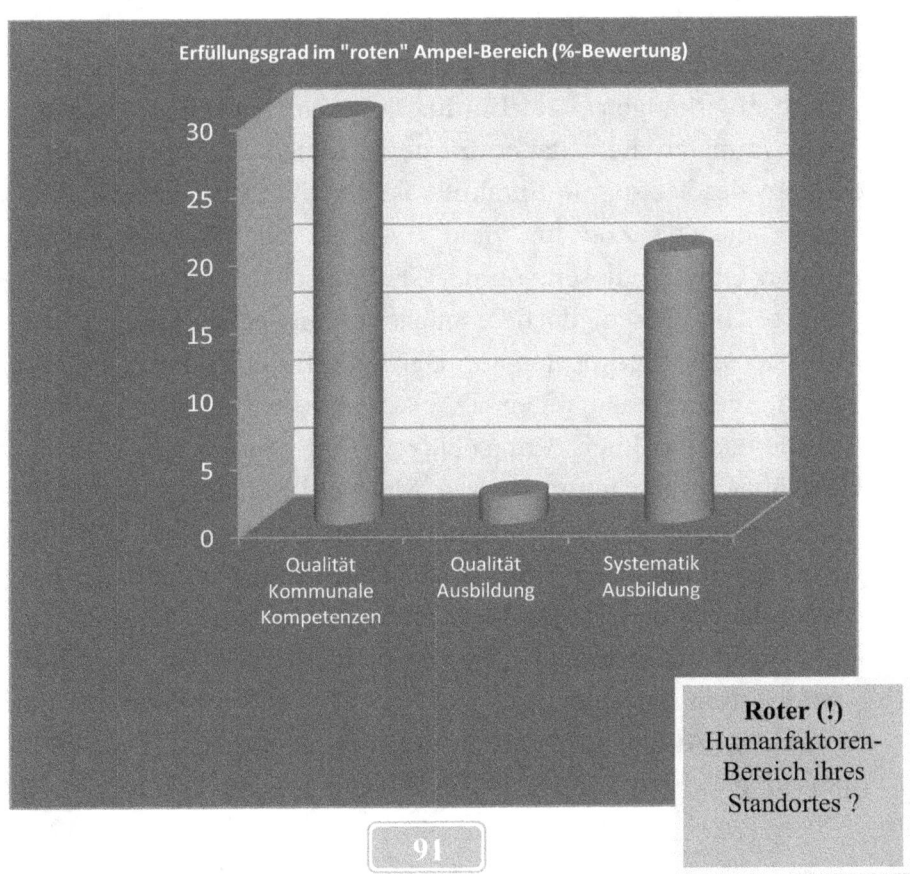

Intangible Zoo und Wald als fühlendes Ökosystem

Bestandspflege immaterieller Werte – dynamisches Wirkungsnetz: über die Standortökonomie weicher Faktoren können zwischen Standortfaktoren dynamische Wirkungszusammenhänge erfasst werden: dabei geht es um die dynamischen Zusammenhänge der immateriellen Ressourcen. Mit einer Wirkungsanalyse können Wirkungszusammenhänge innerhalb der Standortfaktoren erkannt werden: es können Aussagen zur Steuerbarkeit einzelner Faktoren und zu zeitlichen Verzögerungen bei den Wirkungszusammenhängen getroffen werden. Es werden die Wechselwirkungen der Einflussfaktoren analysiert. Beispiel eines immateriellen Standortpostens: für ein Besichtigungsprogramm der Metropole Frankfurt ist der direkt im Innenstadtbereich gelegene Zoo für viele Besucher der Stadt ein Muss-Faktor. Obwohl dieser Zoo der Stadt unschätzbare immaterielle Erträge bescheren dürfte, taucht er in einer Bilanz wohl höchstens als Merkposten auf. Der Frankfurter Zoo, u.a. bekannt durch seinen ehemaligen Direktor Prof. Bernhard Grzimek (Zoologe, Tierfilmer, Naturschützer 1909 – 1987), genießt einen Ruf über seinen unmittelbaren Metropol-Standort hinaus. Auf dem Freigelände und in Tierhäusern haben etwa 500 verschiedene Arten und über 4.500 Tiere eine Heimat gefunden. Grzimeks damals in fast alle Wohnstuben flimmernde TV-Sendung hieß wohl auch deshalb „Ein Platz für Tiere". Im Exotarium werden dem Besucher u.a. Pinguine, See- und Süßwasserfische, Reptilien, Amphibien und Insekten in natürlicher Umgebung präsentiert. Eine nahezu perfekte Bühne auch als Drehort für den einen oder anderen Film. So haben sich im Laufe der vielen Jahre innerhalb des Zoo-Areals zahlreiche weitere Publikumsmagnete entwickelt. Jahrzehntelang aber sei in den Zoo kaum etwas investiert worden. Entsprechend hoch sei der mittlerweile aufgestaute Nachholbedarf. Zum Teil stammen Anlagen noch aus den sechziger Jahren und müssen deshalb auch den heutigen Erkenntnissen der Zootierhaltung angepasst werden. Die Zoodirektion spricht von den größten Umbauprojekten seit der Ära Grzimek.

Zoo ist ein Intangible: es geht um eine Bewertung des „Unbewertbaren", d.h. die Bewertung von (nach manchen Auffassungen) nicht bilanzierbaren Standortwerten. Eine wichtige Grundlage dafür stellt das Instrument der Standortbilanz deswegen dar, weil sich mit seiner Hilfe eine umfassende Bestandsaufnahme und Bewertung auch von immateriellen Faktoren realisieren lässt. Mit dem Konzept der Standortbilanz lässt sich zudem eine Systematik anwenden, die auch zu den (zahlenorientierten) Denkstrukturen des Finanzbereichs passt. Die Standortbilanz macht Zusammenhänge zwischen Zielen, Geschäftsprozessen, Standortressourcen und Geschäftserfolg transparenter.

Wald – fühlendes Ökosystem – Ökologie der Entschleunigung: Wurzeln sind für den Baum wie das Gehirn für den Menschen. Kommen junge Buchen, wenn sie unter Kiefern und Fichten nachwachsen, aus Baumschulen, so wurden ihre Wurzeln einst beschnitten. Ist ein Baum aber erst einmal beschnitten, wird er nie mehr uralt werden. Vor allem, wenn Jungbäume in ihren ersten Jahren zu schnell gewachsen sind. Schnelles Baumwachstum geht auf Kosten der Stabilität, schnellwachsende Jungbäume haben nicht gelernt, sich beim Wachsen auch zu drehen. Gerade dies aber würde sie in ihrem späteren Leben widerstandsfähiger (beispielsweise gegen Stürme) machen. So findet man in alten Wäldern, die sich über die Zeit hinweg auch selbst überlassen wurden, dürre Ästchen aus dem Laubboden herausragend. Und ist erstaunt zu hören, dass dies hundertjährige Krüppel seien. Denn in jedem Jahr wuchs eine solche Buche nur gerade einen Zentimeter: fast kein Licht lässt Mutter Baum ihren Kindern. Gerade dies befähigt diese, wenn ihre Stunde dann einmal gekommen ist, dazu sehr alt zu werden. So eine Buche vierhundert Jahre und noch viel mehr. Im Wald, der nur Wald sein darf und keine nur nach Wirtschaftlichkeit ausgerichtete Forstfläche sein muss, gibt es ein Miteinander, in dem jeder Baum wertvoll für die Gemeinschaft ist und es verdient, so lange wie möglich erhalten zu werden. Bäume sind sozial, die Gemeinschaft des Waldes ist eine vorbildliche Umverteilungsmaschine: „wenn im Sommer und Herbst kaum Licht auf den Boden fällt, versorgen die alten Buchen die Kinder über Wurzel- und Pilzgeflechte mit Zuckersaft. Wer viel hat, gibt ab, wer ein armer Schlucker ist, bekommt Hilfslieferungen. Die heutige Form des Waldes als Wirtschaftsfaktor mit Turbowachstum hat ihre Schattenseiten: „nach einem Kahlschlag zum Beispiel fällt viel zu viel Licht auf den Waldboden, der eigentlich für den Schatten gemacht ist. Und die Sprösslinge, für welche die Natur ein jahrhundertelanges Leben ersonnen hat, schießen in die Höhe.

Strukturfaktoren-Ampel nach Quantität, Qualität, Systematik: für die Demonstration der nachfolgenden Ampel- und Portfolio-Darstellungen werden die nackten (fiktiven) Bewertungszahlen ohne Hintergründe, Begründungen, Kommentierungen zugrunde gelegt:

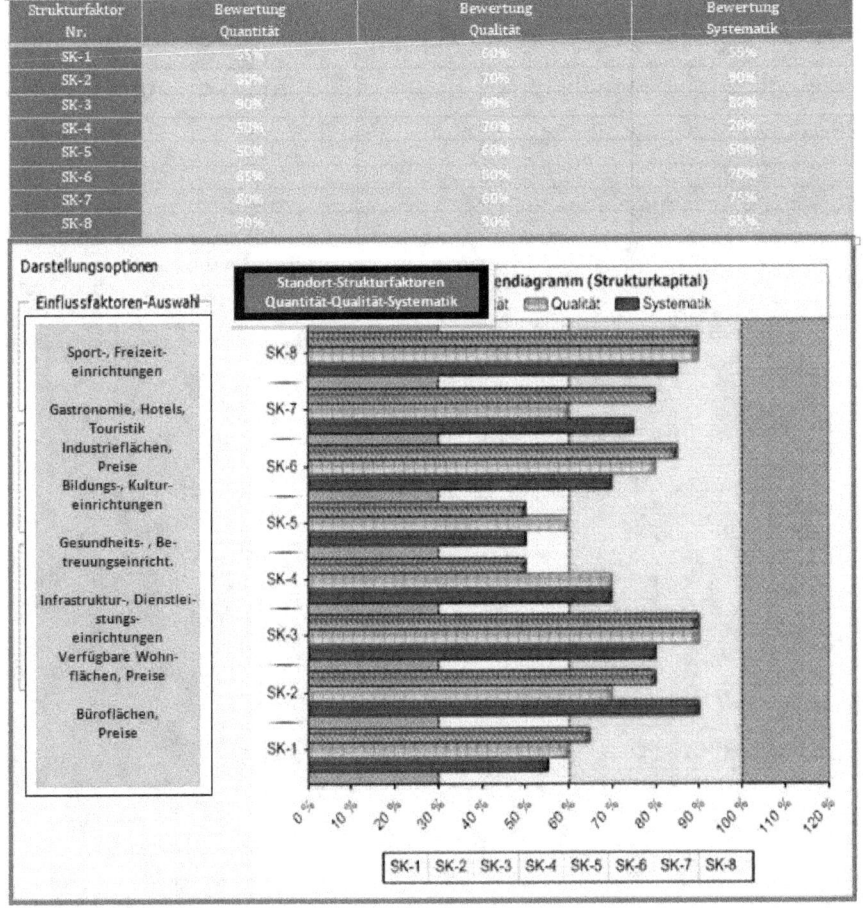

Strukturfaktor Nr.	Bewertung Quantität	Bewertung Qualität	Bewertung Systematik
SK-1	55%	60%	50%
SK-2	90%	70%	90%
SK-3	80%	90%	80%
SK-4	50%	70%	20%
SK-5	50%	60%	50%
SK-6	85%	80%	70%
SK-7	80%	60%	75%
SK-8	90%	90%	85%

Die obige Graphik ist eine Übersichts-Darstellung der *Standort-Strukturfaktoren* gemeinsam für die *drei Dimensionen Quantität, Qualität und Systematik*. In jedem 3-er-Balkenbündel zeigt der obere Balken die Quantität, der mittlere Balken die Qualität und der untere Balken die Systematik des jeweiligen Standort-Strukturfaktors an. Die Reichweite der Bewertungsbalken umfasst einen Bereich von 0 – 120 % und ist jeweils in rote, gelbe und grüne Ampel-Bereiche unterteilt. D.h. auf einen Blick wird ersichtlich, bei welchem der Standortfaktoren die Ampel auf rot oder gelb, d.h. Achtung! steht.

Quantität-Ampel Strukturfaktoren:

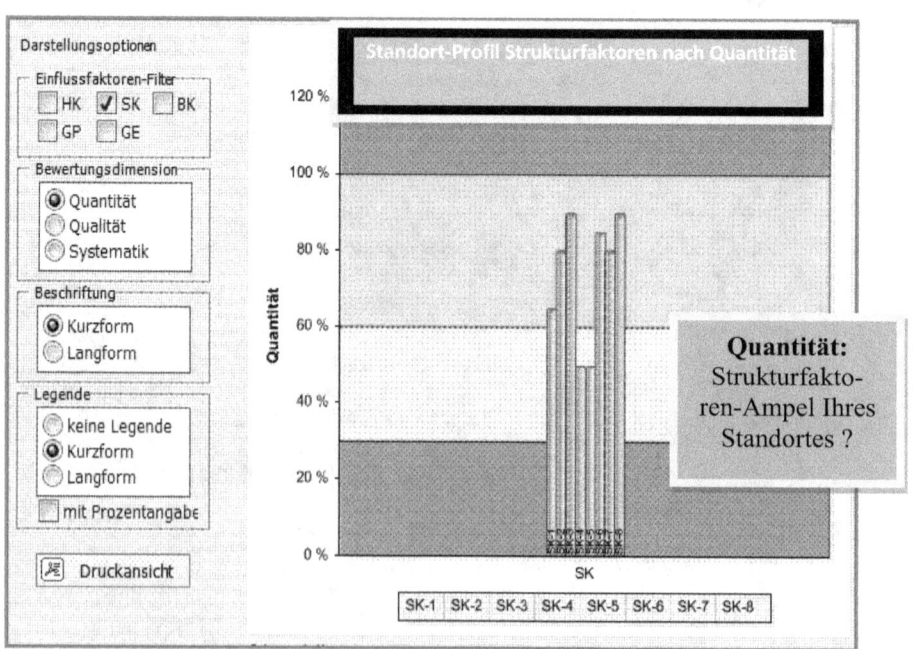

In der obigen Graphik wird das *Standort-Profil der Strukturfaktoren* weiter nach den unterschiedlichen Dimensionen, hier der *Quantität,* aufgerastert. Die Ampel-Anzeigen erfolgen mit rot, gelb, grün in der graphischen Darstellung von unten nach oben gesehen. Sollte eine Balkenlänge bis in den noch darüber liegenden Bereich von 100 – 120 % hineinreichen, so würde damit für diesen betreffenden Standortfaktor die Möglichkeit einer Übererfüllung angezeigt. Das Balkenbündel der *Strukturfaktoren* bezieht sich ausschließlich auf Merkmale der *Quantität* und Verfügbarkeit. Die einzelnen *Strukturfaktoren SK-1 bis SK-8* werden in der Graphik als Balken von links nach rechts hin dargestellt.

Qualität-Ampel Strukturfaktoren:

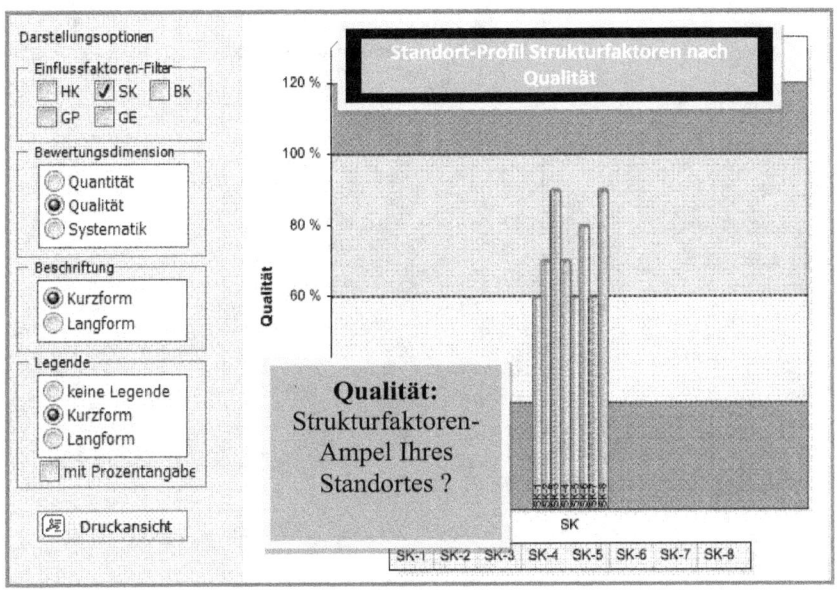

In der obigen Graphik wird das *Standort-Profil der Strukturfaktoren* weiter nach den unterschiedlichen Dimensionen, hier der *Qualität,* aufgerastert. Die Ampel-Anzeigen erfolgen mit rot, gelb, grün in der graphischen Darstellung von unten nach oben gesehen. Sollte eine Balkenlänge bis in den noch darüber liegenden Bereich von 100 – 120 % hineinreichen, so würde damit für diesen betreffenden Standortfaktor die Möglichkeit einer Übererfüllung angezeigt. Das Balkenbündel der *Strukturfaktoren* bezieht sich ausschließlich auf Merkmale der *Qualität.* Die einzelnen *Strukturfaktoren SK-1 bis SK-8* werden in der Graphik als Balken von links nach rechts hin dargestellt.

Systematik-Ampel Strukturfaktoren:

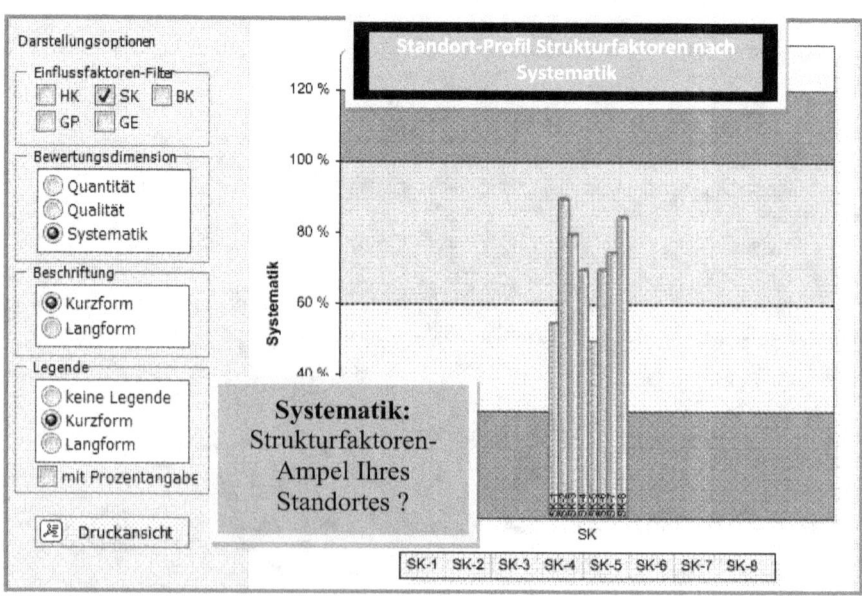

In der obigen Graphik wird das *Standort-Profil der Strukturfaktoren* weiter nach den unterschiedlichen Dimensionen, hier der *Systematik,* aufgerastert. Die Ampel-Anzeigen erfolgen mit rot, gelb, grün in der graphischen Darstellung von unten nach oben gesehen. Sollte eine Balkenlänge bis in den noch darüber liegenden Bereich von 100 – 120 % hineinreichen, so würde damit für diesen betreffenden Standortfaktor die Möglichkeit einer Übererfüllung angezeigt. Das Balkenbündel der *Strukturfaktoren* bezieht sich ausschließlich auf Merkmale der *Systematik*. Die einzelnen *Strukturfaktoren SK-1 bis SK-8* werden in der Graphik als Balken von links nach rechts hin dargestellt.

Strukturfaktoren-Erfüllungsgrad im gelb-rot-Bereich:

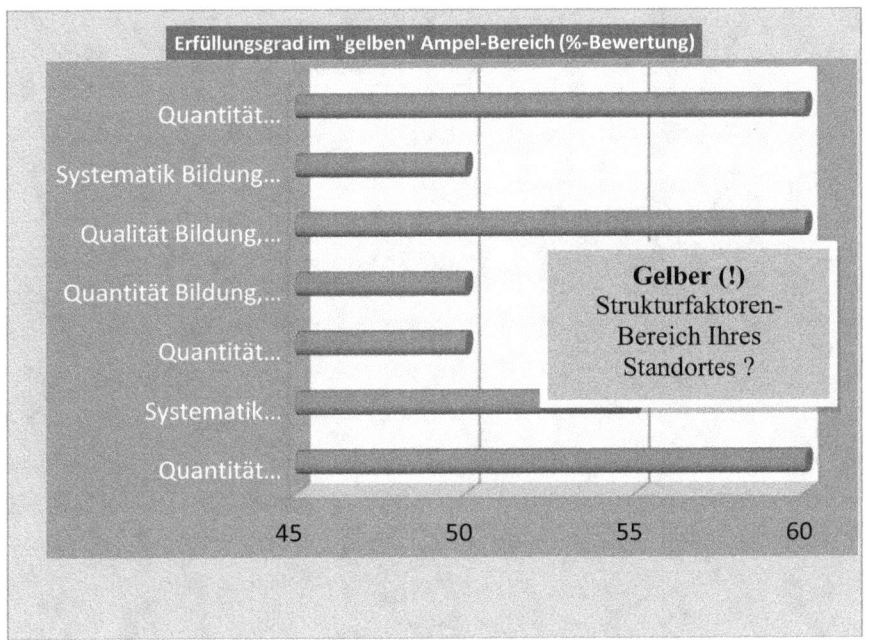

In einer weiteren graphischen Aufraster-Stufe werden die Standort-Strukturfaktoren danach selektiert, ob sie mit ihrer jeweiligen Dimension entweder im gelben Ampel-Bereich (Graphik zuvor) oder im roten Ampel-Bereich (Graphik nachfolgend) liegen und damit besonders beachtet und gegebenenfalls unter die Lupe genommen werden sollten. Wie ansonsten auch, ist dies hier nur ein Demo-Beispiel mit fiktiv angenommenen Werten.

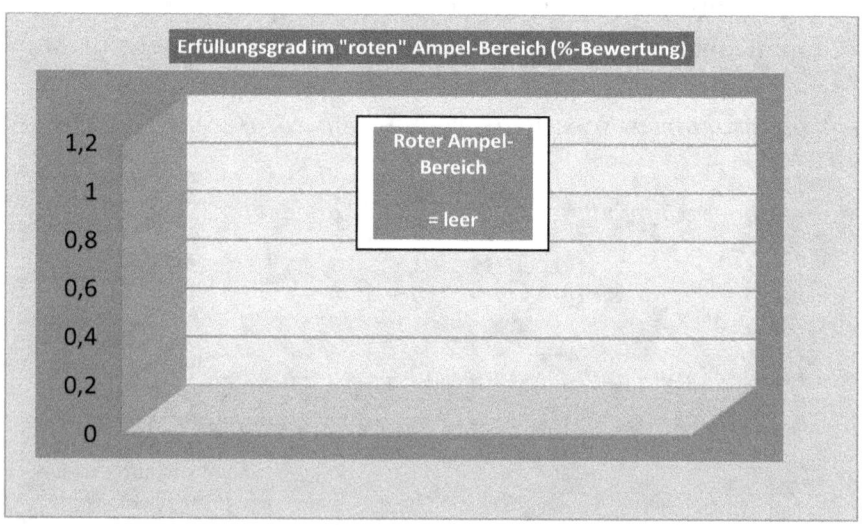

Wissenstransfer im sozialen Intranet - Dialogformate und Informationsqualität

Kollaborative Arbeitskultur: Wissensarbeit und Zeit-Budget – Top-Down- und Bottom-up-Kommunikation – 1 zu n- und n zu n-Kommunikation – Nutzerorientierter content. Um in einem Unternehmen Mitarbeiter mit ins Netz zu nehmen müssen Inhalte begeistern und zum Mitmachen anregen: „dann macht arbeiten, sich digital vernetzen und Wissen teilen Spaß – und führt zur langfristigen Optimierung der Arbeitsprozesse". Beispielsweise könnte ein soziales Intranet als ein Konglomerat aus Plattformen (Newsportal, Wissensdatenbank, Schulungsportal) konzipiert werden. Mögliche Ziele: Verbesserung des Wissenstransfers durch neue Dialogformate (Kommentierung, Bewertung, offene und geschlossene Foren, Live Chats), Erhöhung der Informationsqualität durch Individualisierung der Inhalte (aktive und passive Personalisierung, eigene Startseiten für unterschiedliche Mitarbeitergruppen), Absprünge zu relevanten Business-Anwendungen als zentraler Einstiegspunkt für die tägliche Arbeit. Wenn man einen intensiven Digitalplan zum Kunden hin erstellt sollte man hierin einplanen, dass dabei die Mitarbeiter genauso digital unterwegs sind. Mögliche interne Widerstände müssen thematisiert werden: allein die Bereitstellung eines Werkzeugs motiviert niemanden, dieses auch zu nutzen (SAP-Software kann man verordnen, die Nutzung von Social Intranet ist freiwillig). Wer bisher in einem Unternehmen eher als „Einzelkämpfer" Projekte gestemmt hat, wird auch durch ein Werkzeug nicht plötzlich zum Teamplayer (dafür braucht es eine „kollaborative" Arbeitskultur).

Experten verweisen darauf, dass auch ein soziales Intranet noch keine Garantie dafür ist, dass Wissen damit jederzeit und immer dort, wo man es braucht, verfügbar gemacht wird. Im Gegensatz zu Wikipedia (wo Millionen Menschen ihr Wissen bereitwillig teilen) seien in einem Unternehmen normalerweise nur wenige bereit, überhaupt selbst Beiträge zu verfassen. Nach einer Faustregel würden (von hundert) 90 Mitarbeiter nur mitlesen, neun kommentieren (vielleicht, wenn überhaupt) und nur einer (!) aktiv Inhalte erstellen. Gebraucht würden (mit ausreichenden Zeit-Budgets ausgestattet) „Wiki-Gärtner", die Inhalte pflegen. Grundsätzlich geht es um Anerkennung von Wissensarbeit. Werden Informationen aus dem sozialen Intranet nicht nach ihrer Relevanz strukturiert und sortiert, werden Mitarbeiter leicht überfordert. Nach Expertenmeinung ist das klassische Intranet charakterisiert durch: Top-Down-Kommunikation, 1 zu n-Kommunikation, geprüfte und freigegebene Inhalte, Kommunikation von Managementmeinungen und -ideen, professionelle Inhalte von dedizierten Autoren und trainierten Redakteuren. Demgegenüber würde ein soziales Intranet eher folgende Merkmale aufweisen: Bottom-up- Kommunikation, n zu n Kommunikation, inoffizielle Inhalte, freie Bildung von Meinung und Ideen, nutzerorientierter Content von ungeschulten Autoren.

Beziehungsfaktoren-Ampel nach Quantität, Qualität, Systematik: für die Demonstration der nachfolgenden Ampel- und Portfolio-Darstellungen werden die nackten (fiktiven) Bewertungszahlen ohne Hintergründe, Begründungen, Kommentierungen zugrunde gelegt:

Beziehungsfaktor Nr.	Bewertung Quantität	Bewertung Qualität	Bewertung Systematik
BK-1	90%	95%	85%
BK-2	30%	50%	50%
BK-3	20%	10%	0%
BK-4	50%	70%	30%
BK-5	30%	60%	50%
BK-6	90%	85%	70%
BK-7	4%	4%	6%
BK-8	100%	100%	95%

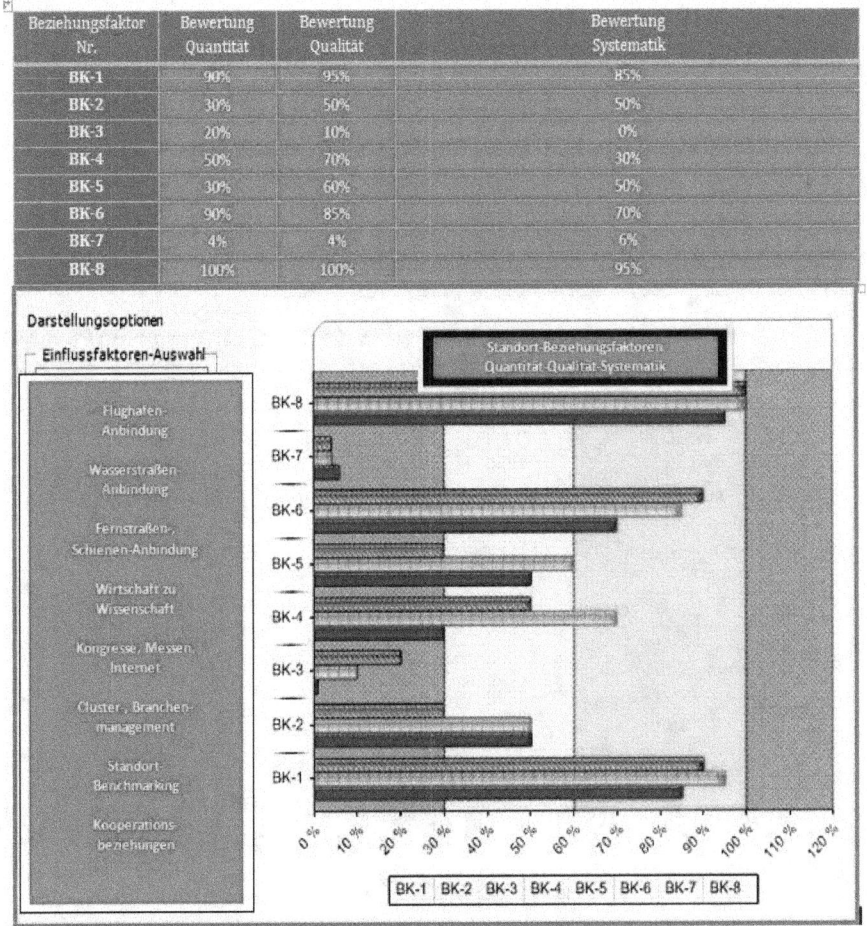

Die obige Graphik ist eine Übersichts-Darstellung der *Standort-Beziehungsfaktoren* gemeinsam für die *drei Dimensionen Quantität, Qualität und Systematik*. In jedem 3-er-Balkenbündel zeigt der obere Balken die Quantität, der mittlere Balken die Qualität und der untere Balken die Systematik des jeweiligen Standort-Beziehungsfaktors an. Die Reichweite der Bewertungsbalken umfasst einen Bereich von 0 – 120 % und ist jeweils in rote, gelbe und grüne Ampel-Bereiche unterteilt. D.h. auf einen Blick wird ersichtlich, bei welchem der Standortfaktoren die Ampel auf rot oder gelb, d.h. Achtung! steht.

Quantität-Ampel Beziehungsfaktoren:

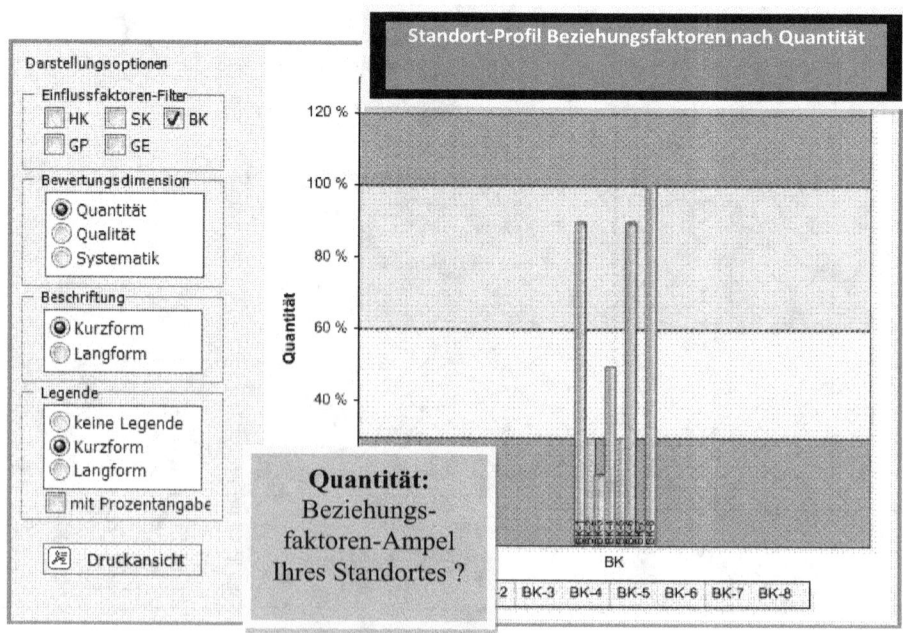

In der obigen Graphik wird das *Standort-Profil der Beziehungsfaktoren* weiter nach den unterschiedlichen Dimensionen, hier der *Quantität,* aufgerastert. Die Ampel-Anzeigen erfolgen mit rot, gelb, grün in der graphischen Darstellung von unten nach oben gesehen. Sollte eine Balkenlänge bis in den noch darüber liegenden Bereich von 100 – 120 % hineinreichen, so würde damit für diesen betreffenden Standortfaktor die Möglichkeit einer Übererfüllung angezeigt. Das Balkenbündel der *Beziehungsfaktoren* bezieht sich ausschließlich auf Merkmale der *Quantität* und Verfügbarkeit. Die einzelnen *Beziehungsfaktoren BK-1 bis BK-8* werden in der Graphik als Balken von links nach rechts hin dargestellt.

Qualität-Ampel Beziehungsfaktoren:

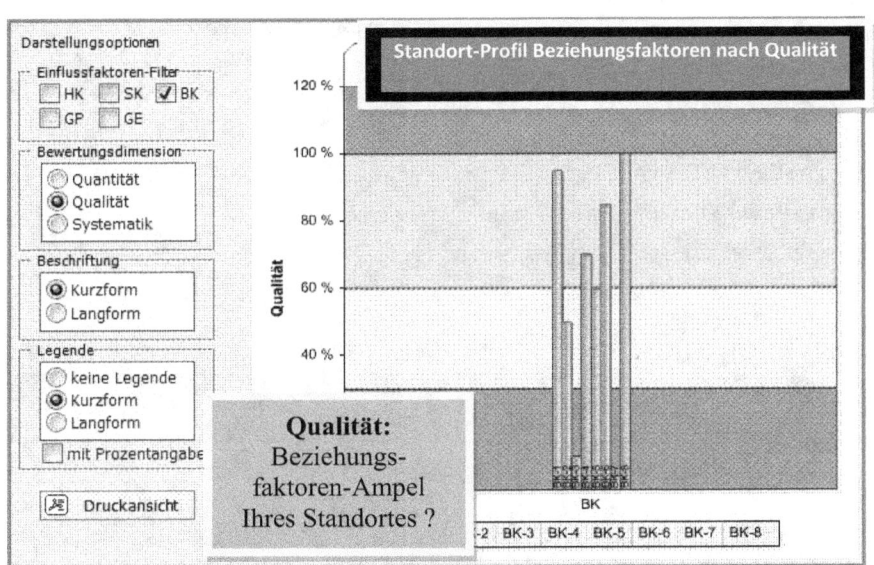

In der obigen Graphik wird das *Standort-Profil der Beziehungsfaktoren* weiter nach den unterschiedlichen Dimensionen, hier der *Qualität,* aufgerastert. Die Ampel-Anzeigen erfolgen mit rot, gelb, grün in der graphischen Darstellung von unten nach oben gesehen. Sollte eine Balkenlänge bis in den noch darüber liegenden Bereich von 100 – 120 % hineinreichen, so würde damit für diesen betreffenden Standortfaktor die Möglichkeit einer Übererfüllung angezeigt. Das Balkenbündel der *Beziehungsfaktoren* bezieht sich ausschließlich auf Merkmale der *Qualität.* Die einzelnen *Beziehungsfaktoren BK-1 bis BKE-8* werden in der Graphik als Balken von links nach rechts hin dargestellt.

Systematik-Ampel Beziehungsfaktoren:

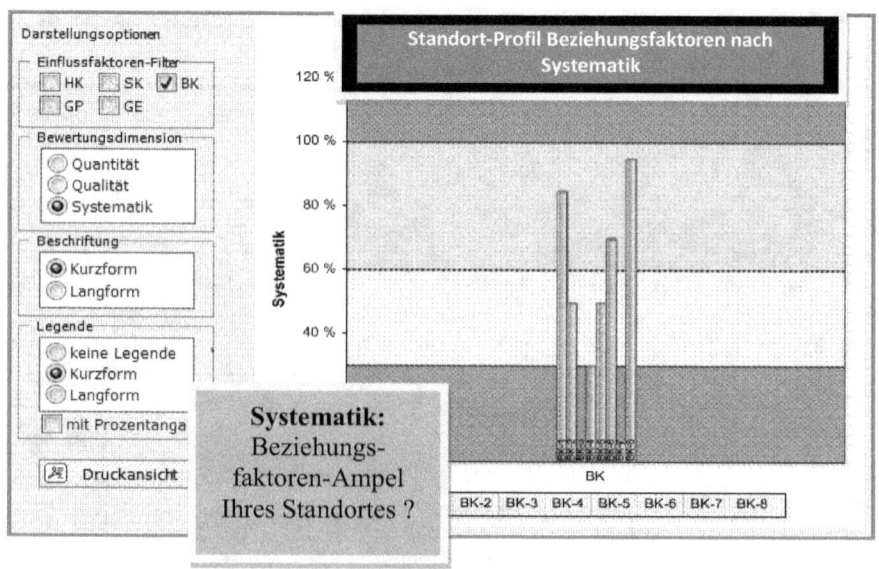

In der obigen Graphik wird das *Standort-Profil der Beziehungsfaktoren* weiter nach den unterschiedlichen Dimensionen, hier der *Systematik,* aufgerastert. Die Ampel-Anzeigen erfolgen mit rot, gelb, grün in der graphischen Darstellung von unten nach oben gesehen. Sollte eine Balkenlänge bis in den noch darüber liegenden Bereich von 100 – 120 % hineinreichen, so würde damit für diesen betreffenden Standortfaktor die Möglichkeit einer Übererfüllung angezeigt. Das Balkenbündel der *Beziehungsfaktoren* bezieht sich ausschließlich auf Merkmale der *Systematik.* Die einzelnen *Beziehungsfaktoren BK-1 bis BK-8* werden in der Graphik als Balken von links nach rechts hin dargestellt.

Beziehungsfaktoren-Erfüllungsgrad im gelb-rot-Bereich:

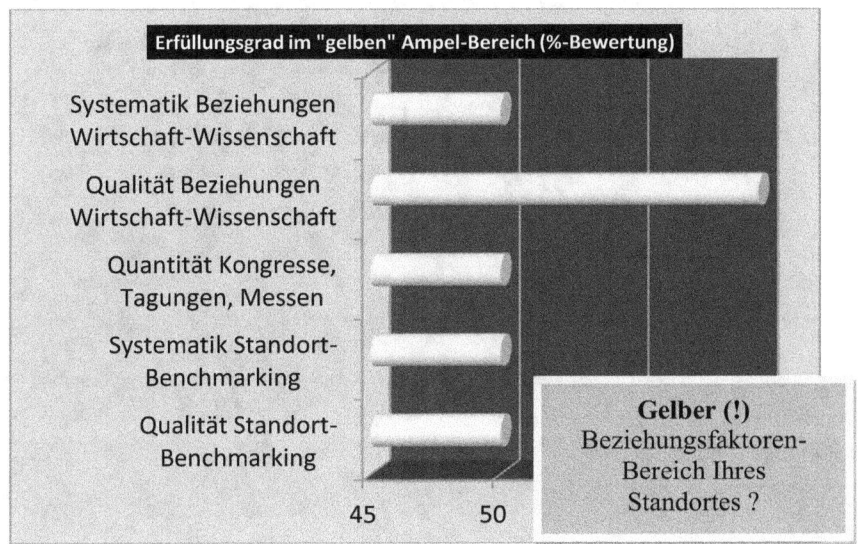

In einer weiteren graphischen Aufraster-Stufe werden die Standort-Beziehungsfaktoren danach selektiert, ob sie mit ihrer jeweiligen Dimension entweder im gelben Ampel-Bereich (Graphik zuvor) oder im roten Ampel-Bereich (Graphik nachfolgend) liegen und damit besonders beachtet und gegebenenfalls unter die Lupe genommen werden sollten. Wie ansonsten auch, ist dies hier nur ein Demo-Beispiel mit fiktiv angenommenen Werten.

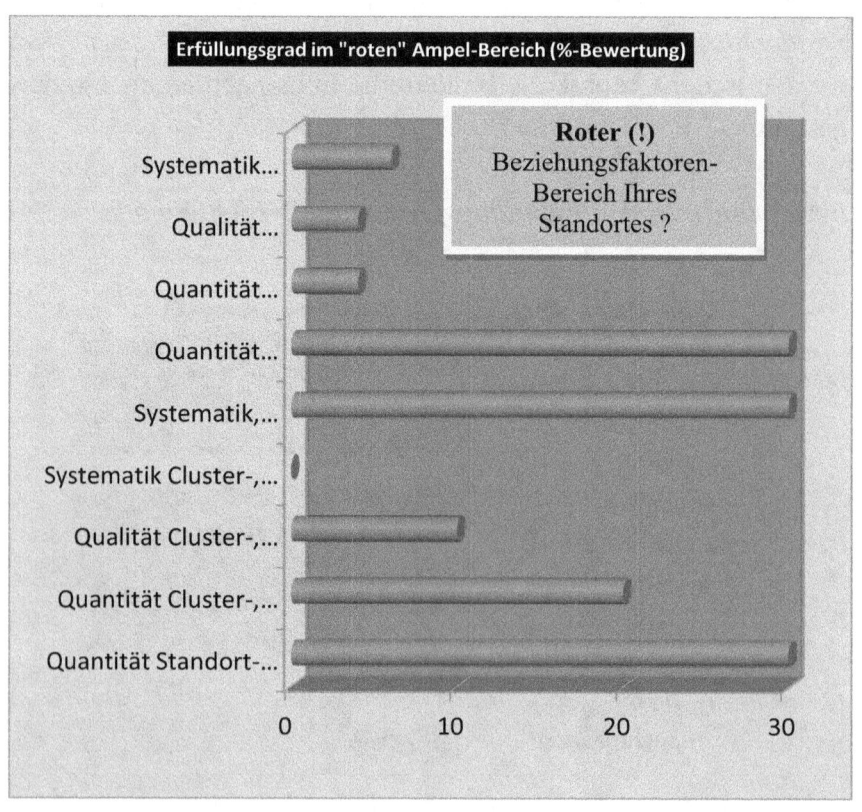

Als Ausgangspunkt sollte Klarheit darüber bestehen, an welchen Stellen eines Standortes man überhaupt Sensoren anlegen will. Erst wenn heraus gearbeitet wurde, was man überhaupt an Messungen benötigt, kann das Augenmerk auf das „Wie" gerichtet werden. Im Vordergrund stehen dabei folgenden Aspekte: grundsätzliche Verfügbarkeit von Indikatoren, wie aktuell und zeitnah sind die jeweils verfügbaren Indikatore? Lassen sich die verfügbaren Indikatoren lückenlos zu Zeitreihen verknüpfen, um gegebenenfalls Entwicklungen ablesen zu können? In welcher Form können Einzelfaktoren zu besser verarbeitbaren Übersichts- und Gesamtindikatoren gebündelt werden? In welcher Form sind für den Standort Deutschland verfügbare Indikatoren auf die Ebene von Bundesländern, Regionen, Kreisen, Großstädte, Kommunen, Stadtteile oder einzelne Wirtschaftszweige übertragbar? An welchen Stellen sollte auf einer niedrigeren Stufe der Aggregation Sondererhebungen durchgeführt werden? Gibt es für Indikatoren Normierungsverfahren, um eine Vergleichbarkeit von Standorten zu gewährleisten? Wie wird eine Gewichtung von Faktoren sichergestellt? Welche Verfahren zur Berücksichtigung von individuellen Gewichtungsanforderungen sollten angewendet werden? Mit welchem System können Indikatoren in ihrer Relation zueinander einheitlich gehandhabt werden?

Verantwortliche für Standorte wie Standortanalysten in Unternehmen wären gut beraten, eine eigene Indikatorkompetenz mit einem zeitnah aktualisierten Daten- und Informationspool einzurichten. Kernelement der Standortstrategie ist die verbindliche

Vereinbarung und Festlegung von Zielen. Dieses wiederum ist die Grundlage für alle operativen Umsetzungsaktivitäten. Insbesondere geht es darum, wie und welche „weichen" Standortfaktoren nachhaltig weiterentwickelt werden sollten. Für das Standortumfeld erkannte Möglichkeiten und Risiken sollten zur Vision und Strategie in Bezug gesetzt werden. Die Standortstrategie soll dann beschreiben, wie künftig am Markt agiert werden soll sowie welche Investitionen und Maßnahmen hierfür vorgesehen sind. Die Strategie beschreibt zukünftige Aktionen. Dabei ist auf die Einhaltung der Reihenfolge: Ziel---Weg---Erfolg zu achten. Eine Standortbilanz zeichnet sich durch folgende besonderen Merkmale aus: Bildung Standortfaktoren-Cluster, mehrere Standortbewertung-Dimensionen, gewichtete Standortfaktoren, Verknüpfung der Standortfaktoren, Standort- Handlungsempfehlungen, Eigen- und Fremdbild des Standortes. Eine Standortbilanz zeichnet sich durch folgende Darstellungsoptionen aus: Standortprofil-Diagramm, Standortportfolio nach Dimension, Standortampel-Diagramm, Standortfaktor- Wirkungsnetz, Standortpotenzial-Portfolio. Eine Standortbilanz zeichnet sich durch folgende besonderen Vorteile aus: Übersichtlichkeit und Transparenz, leicht verständliche Darstellung, einheitlicher Aufbau, durchgängig bruchfreie Systematik, zahlenorientierte Denkweise, Vollständigkeit.

www.ingramcontent.com/pod-product-compliance
Lightning Source LLC
Chambersburg PA
CBHW071038240526
45469CB00006BD/2259